2판 1쇄 2014년 10월 15일

저　자	Mr. Sun
펴 낸 곳	OLD STAIRS
출판 등록	2008년1월10일 제313-2010-284호
주　소	서울시 마포구 서교동 464-7
이 메 일	oldstairs@daum.net

가　격　뒷면 표지 참조
ISBN 978-89-97221-26-4
ISBN 978-89-97221-23-3(세트)

이 책의 전부 또는 일부를 재사용하려면 반드시 OLD STAIRS의 동의를 받아야 합니다.
잘못 만들어진 책은 구매하신 서점에서 교환하여 드립니다.

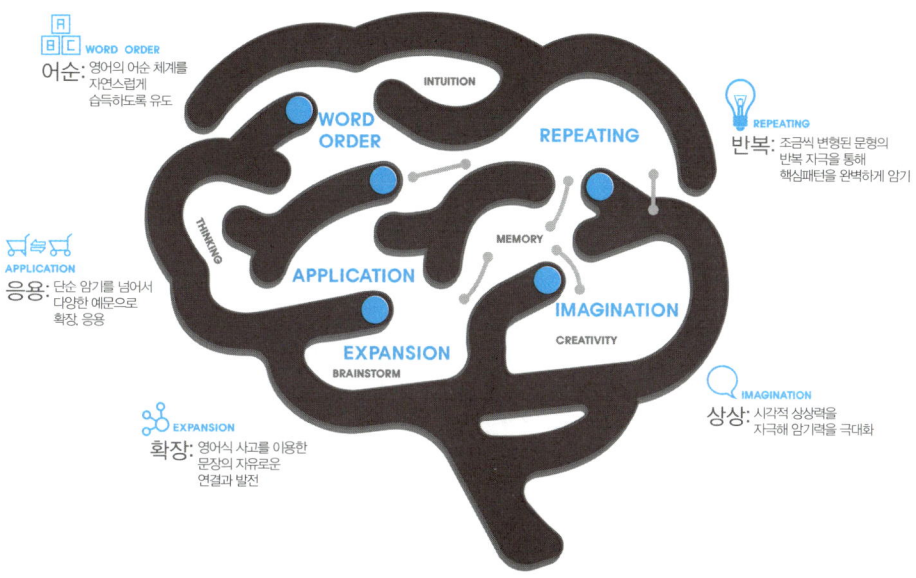

당신이 필요한 거의 모든 **어학강의**
mrsun.com

1000개
생생한 후기

ID: 카타르왕자
카타르에서도 출퇴근하면서 잘 듣고 있어요. MR.Sun 의 경박함을 너무 좋아해요. 가끔은 부담스럽지만.

ID: 안개비
경박한 영어 강의실 완전 좋아요 ~~~ ❤❤❤

ID: dynamin
영어때문에 힘들어 하는 분들에게 많은 희망을 주시네요. 저도 너무 재미있게 듣고 있습니다. 두분 많은 칭찬 받으…

ID: 컬투보다 더 재미있어요
운동하거나 걸어다니면서 듣는데 빵빵 터집니다 생활 속에 적용해보려고 노력중

ID: 박사장
86학번 아저씨입니다. 두분 덕분에 영어 공부 다시 시작하고 있습니다. 감사드립니다. 교재도 구입했습니다.

ID: 자유
반복이 많아서 참 좋네요 근데 입 안 아프세요^^?

ID: 오드리될뻔
나디아 선생님 목소리도 너무 이쁘시고, 발음도 진짜 ㅎㄷㄷ 깜짝깜짝 놀라요!ㅎ Mr.Sun 쌤은 강의가 지루하지 않고 재미있게 느끼도록 해주셔서, 덕분에 꾸준히 계속 듣게 되요. 강의 너무 감사합니다~

ID: 하늘
일본에서 듣고 있습니다. 한국말과 영어를 동시에 공부할 수 있어서 좋습니다. 일본의 영어 팟캐스트 전부 다 들어 봤는데 (아주 많습니다.) 들을 만한 것이 없습니다. 경박 시리즈 너무나 재미있습니다. 일본의 영어 캐스트와는 비교가 안 될 정도로 재미있고 좋습니다.

ID: 민땡구리
나디아 쌤님 블로그도 잘 보고 있습니다.. 썬 선생님은 정말 재치가 번뜩이시는 듯해요^^ 다른 방송은 몇번 듣다 말았는데 이건 계속 듣게되는 마력이 있네요. 좋은 방송 감사합니다.

ID: ddddd
고스트청취자입니다. 두분 경박하고 유쾌하게 잘 듣고 있습니다. 항상 감사요! Mr. 썰렁한 개그도 좋아요! ㅋㅋ

ID: 달나라의장난
영어 공부를 열심히 해 본적은 없지만 제가 들은 영어 수업중에서 가장 재밌고 기억에 남네요 두분 목소리도 좋고 호흡도 잘맞아요 ㅎ 보니 & 클라이드 같이

ID: 빨래줄넛김
시종일관 웃으면서 영어 공부를 해 보기는 경박한 영어가 처음입니다. 썬쌤 나디아쌤 덕분에 요즘 자주 웃습니다. 조금 오바하면 컬투보다 더 웃겨요. 쌤들 연기와 목소리 너무 매력있습니다. 지난주에 책도 구입했습니다.

ID: 곰상
고맙습니다.

ID: 무빙소울
영어회화표현 Ranking 책 사서 매일 아침밥 먹을때 듣고 있습니다~ㅎ 정말 두분이서 재밌게 잘 가르쳐주시는 거 같아요ㅎㅎ 감사드립니다^^

ID: 인간세상
늘 잘 듣고 있어요. 감사해요!

ID: 핵함대
아참..그리고 매일매일 영어 공부가 재미있어지게 해주신 선생님들 감사합니다^^

ID: 뜬구름
인터넷으로 아프리카에서 듣습니다.

ID: PhilKent
출퇴근길에 듣기에 딱이네요.

ID: 김수한무
매일매일 즐겁게 공부합니다. 다운로드후 무한반복~♡

ID: 돼랑이
으흠. 이 방송을 들으니 두분 얼굴이 점점 궁금해 지는데 나다샘 호스트 잘 하시는데…2.월 역주행중입니다. 중국에서 듣고 있습니다. 미스터 썬쌤의 경박함이 …인데 저도 남자네요…

ID: 영어가재미있따

오늘 책 끝냈어요~리스닝은 확 좋아진 느낌이예요~근데 아직 말이ㅠㅠ혹시 색인부분의 영어부분만 읽어주시는 강의 올려주시면 안될까요~억양이랑 인토네이션이 부족해 제가 말하면 웃어서 위축이되는데..색인부분만 매일 들으면 말하는데 큰 도움이 될 거같아요~~

ID: 빠다

단군이래 최대,최적,최상,극한. 초극의 환상조가 패턴영어를 갑오년 1이세갯날 세상에 드디어 던졌습니다.
와아 대박 !!!!!!

ID: 호박꽃

설겆이하며 넘재밌게 듣고있어요~ 30년가까이 안들리던 영어가 귀에 쏙쏙^^저희아들한테 한가지씩 알려주는 재미도 쏠쏠^^책사러 서점가려구용~

ID: 구리

빠하다가 우연히 듣기 시작했는데 재미 붙었어요~ 책도 샀어요! ㅋㅋ 대체로 영어강의는 딱딱하고 재미없어서 듣다보면 졸리던데 이 방송은 정말 재미있게 듣고 있습니다! 앞으로도 재밌는 방송 부탁드려요~

ID: 보경

처음 만난 외국인과의 대화매뉴얼 듣고 있는 청취자요. 1-4까지는 리턴이 있었는데 1-5부터는 없는게 아쉽네요. 듣고 음에 맞춰서 말하는 게 좋아서 듣고있었거든요. 말도 잘나오는 거 같아서요.
혹시 안 올려주시나요?

ID: 주쥬엄마

매일매일 넘 재밌게 듣고 있어요. 운전할 때나 자기 전에 들으니 시간 활용도 되고요~~ 많이많이 올려주세요♥

ID: 이햐

나디아 쌘 쌤님~ 늘 감사립니다~~ 진짜 한 회도 지지 않고 쭉 듣고 있습니다~ 열혈청취자... ;)

ID: 데메테르

ranking 강의 너무 재밌어서 듣다가 책 샀구요~ 기초부터 차근차근 듣고 싶어서 첫걸음편 1,2,3 셋트를 구입했는데 사은품으로 패턴은 외롭지 않다 주셨어요!! 와우~~~그것도 살려고 장바구니 담아 놨었는데 ㅎㅎ 강의 다~!!! 들을 거예요^^ 항상 감사합니다~~~~~~~ㅎㅎㅎㅎ ㅎㅎㅎ최고 잼남!!!!! 미스터 썬 매력적이에요 나디아 쌤은 말할 것도 없고 ㅋ

ID: 메이데이

두 분 진심 완전 그대로 전달받았습감사해요.

ID: 하늘

아마도 고춘자 장소팔 이래의 최고 호흡의 엔터테이너 인듯... 잘 듣고 있습니다

ID: 정남인

일이 있어 일주일 동안 못 들었더니 두 분의 목소리가 그립네요 ㅎㅎ또 다시 열혈청취해야겠어요..

ID: ini

책 만드느라 완전 고하셨을 듯! 그림은 ㅇ고 설명은 친절하네책 보며 재미로 듣기하면 회화가 되겠죠

ID: MICAH

완전 짱!!!! 너무 재밌어요. 자연스럽게 영어를 접할수도 있고요.

ID: 유월

맨날 듣고 있어요 두 분 넘 재밌어요 상황극도 완전 잼나요 경박한 영어를 만난 건 팟캐스트에서 로또 맞은 것과 같다네! 앞으로도 영원히!

ID: 빗소리

얼마전에 알게됐는데 두 분 강의 귀에 쏙쏙 들어옵니다~우울할 때 들으면 기분 전환도 되고 공부도 되고 넘 좋아요 주위에 널리 전파 중입니다^^

ID: 후회금지

완전 즐청하고 있습니다~~^

ID: 새멸치민주연합

지금 회화표현랭킹부터 듣구있습니다 두분다 목소리 너무좋아용ㅋㄱ 천강오로 듣고싶네요 .

ID: 돌파구

우선 두 분의 발음과 목소리가 정확해서 참 좋습니다. 귀로 듣는 방송에 발음(한국어든 영어든)과 목소리 거북하면 내용이 아무리 흥미도 소용없죠^^
시험 앞두고 영어 해석 도움일까해서 영어식 생각하기를 연속으로 듣고 있는데, 제가 들은 외국어 강의 중에 가장 좋군요. 기회를 만들어 만드신 책도 구해서 보겠습니다. 두 분의 경박함은 가면 쓴 교양보다 훨씬 훌륭하네요

ID: shin

이젠 주말에 안올려 주시나용? 빨리 듣고 싶이요..

ID: 홍춘79

우연히 들었는데의도 재밌고 나디님의 시원한 웃음리 듣는 재미도 있요 감사합니다

ID: 북한당나귀

요즘 일하면서 5개씩은 거뜬히 듣고 따라하는거 같아요ㅋ 역시영어는 반복만이 답인거같아요ㅋ두분쌤 모두 화이팅입니다ㅋ잘듣고있습니ㅋ

ID: MJKim

티격태격 잼난 강의 ~ 고마워요

ID: 레이

첨으로 댓글이란 걸 남겨보네요 두 분 다 정말 기억에 남게 강의 잘 하시는 거 같아요 오늘 일어나자마자 어제 들은 문장이 나도 모르게 나왔어요 ㅡㅡ 혼자 미쳐서ㅋㅋ 자 그럼 다들 책 사러 갑시다 ㄱㄱ ~ p.s 목소리가 정말 최곤 거 같아요

정말 열심히 가르치는 선생님이 있었습니다.
이 선생님은 매 시간마다 최선을 다해 강의했고, 강의는 점점 완벽해져 갔으며,
수업시간 중 단 1분도 낭비되는 일은 없었습니다.

하지만 이상하게도...
시간이 갈수록 학생들은 점점 공부에 흥미를 잃어 가고 말았습니다.

학생들은 이 선생님을 '혼떠샘' 이라 불렀습니다.

머리말
혼떠샘 이야기

혼자 떠드는 선생님....
물론 이렇게 생각해 볼 수도 있습니다.
'수업시간에 선생님 혼자 떠드는 것은 당연한 것 아닌가?'

Written by Mr. Sun

맞습니다. 그럼 혼떠샘의 진짜 문제는 무엇일까요?
그것은 학생들에게 **생각해 볼 기회**를 주지 않았다는 것입니다.
영어공부에서도 '생각해 볼 기회'는 매우 중요합니다.

잠깐 배워서 잠깐 기억하기는 쉽지만, 한 번 배운 것을
평생 기억하는 것은 **암기력으로도
해결되는 것이 아니기 때문**입니다.

그렇기 때문에 영어는 스스로 생각해 보고 깨우쳐야 합니다.

그냥 배우는 것보다 어렵지 않겠느냐고요?

글쎄요...
이 책을 손에 들고 있는 바로 지금,
한 문장만 도전해 보시는 건 어떨까요?

영어식 생각을 터득하는 순간
수 많은 장애물이
한 번에 해결됩니다

물을 담고 싶다면 그 전에 먼저 그릇을 준비해야 하죠?
영어를 잘 하기 위해서도 이와 같이 그릇을 먼저 준비해야 합니다.
그리고 그 그릇이 바로 '영어식 생각' 입니다.
영어식 생각 없이 배운 영어는 영어실력이 아닌 지식에 불과한 것이죠.
그리고 그릇에 담겨 있지 않은 물은 흩어져 버릴 수밖에 없듯,
영어식 생각 없이는 영어 지식 또한 금새 흩어지고 잊혀져 버리고 맙니다.
특히 영어와 전혀 다른 언어 체계를 사용하는 우리에겐 더욱 절실하게

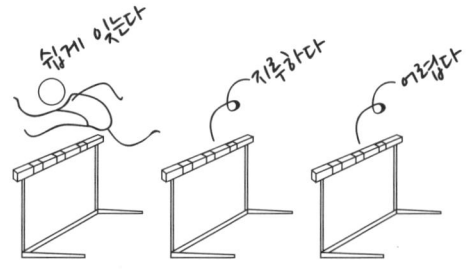

'문법 지식'이 아닌
'영어식 생각 훈련'이 먼저 필요한 것입니다.

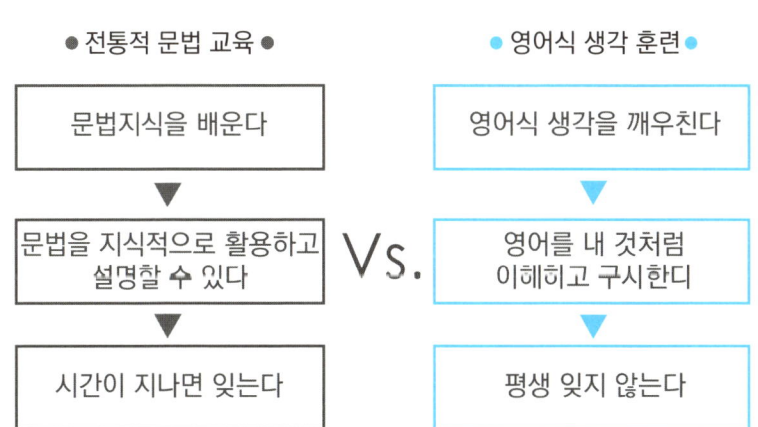

이 책의 숨겨진 비밀장치들...

이 책은 각 박스 안에 빈 칸을 채워가면서 저절로 배울 수 있도록 구성되어 있습니다. 어떠한 장치들이 우리를 기다리고 있는지 알아볼까요?

▶ 너는 영어를 배울 거니?

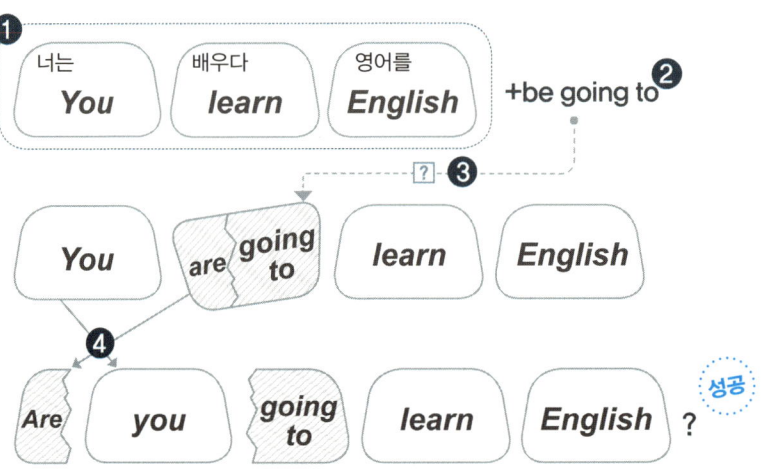

※ 물론 중간 단계의 예문들도 각각 나름의 의미를 가지고 있습니다.

You learn English. ▶ 너는 영어를 배운다.
You are going to learn English. ▶ 너는 영어를 배울 것이다.
Are you going to learn English? ▶ 너는 영어를 배울 거니?

1

| 너는 | 배우다 | 영어를 |

가장 처음에 등장하는 박스들을 채워 넣으면 '기본 문장'이 완성됩니다. 이 책에 나오는 모든 문장들은 이 기본 문장의 변형을 통해 만들어집니다.

2

⬜⬜⬜ +be going to

주어진 문장에 be going to를 추가해야 한다는 의미 입니다.

3

+be going to
[?]
are / going to

단어가 [?]를 지나가면서 약간의 변형이 생길 수 있음을 의미합니다.

4

You / are going to
→ Are you going to

두 단어의 순서를 바꿔라, 혹은 이동하라는 의미입니다.

CONTENTS

Unit 01. there is, there are

Unit 02. 얼마나 자주 일어나는 일인가?

Unit 03. 무언가에 비교해서 말하기

Unit 04. 의문사 who

Unit 05. 의문사 what

Unit 06. 의문사 which

Unit 07. 의문사 where

Unit 08. 의문사 how

Unit 09. 의문사 when

Unit 10. 의문사 why

START

1단계

Unit 01 there is, there are
목표를 세우다

There is a book.
책이 있어.

[_____] 이 있어.

책이
사과가
의자가
배가
비행기가

▶ **다섯번 입으로 말하기** ✓ ☆ ☆ ☆ ☆

탁상 위에 책 한 권이 놓여있습니다. 그것이 무엇인지 말하려면 be동사를 사용해 'This is a book'이라고 말하면 되지요. 눈에 보이는 모습 그 자체를 말하려면 어떻게 하면 될까요. '책상 위에 책이 있다'라고요. be동사 문장과 비슷해 보이지만, 예외적이고 특별한 표현이 사용됩니다.

There is	a book.
	an apple.
	a chair.
	a ship.
	an airplane.

2단계

Unit 01 there is, there are

원리를 이해하다

there의 원래 의미는 '그곳' 이라는 뜻입니다.

An apple is there. (사과가 그 곳에 있어.)
그 곳

하지만 there가 맨 앞으로 오면 더 이상 '그곳'이라는 의미가 아닙니다. 영어는 주어 – 동사의 어순이지만, 'There is'에서 'There'는 주어가 아닙니다. 이것은 영어에서 매우 예외적인 표현으로 '무언가 있다, 혹은 없다'고 말할 때 사용합니다.

| There is an apple.　　(사과가 하나 있어.)
| There are apples.　　(사과 몇 개가 있어.)

반대로 무엇이 없다고 말할 때는 no를 붙여줍니다.

| There is no apple.　　(사과가 없어.)
| There are no apples.　　(사과가 없어.)

손으로 쓰다

Sample 아주 명백한 차이가 있어.

There is a very clear difference.

01. There is a complicated issue between us.
02. There is a luxury car in the parking lot.
03. There is a key on the desk.

1 우리 사이엔 복잡한 문제가 있어.

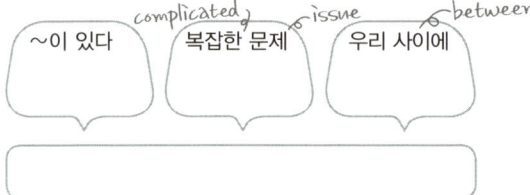

2 주차장에 고급 차가 있어.

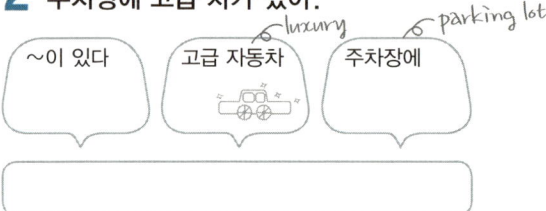

3 책상 위에 열쇠가 있어.

answer

04. There is a moive theater around my house.
05. There is a parking lot next to this building.
06. There is something mysterious about him.
07. There is a movie theater near here.

4 집 근처에 극장이 있어.

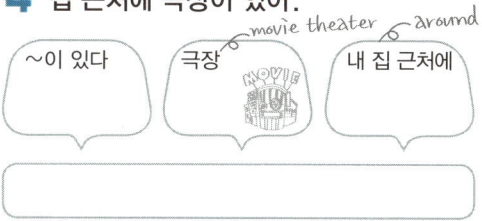

5 이 건물 옆에 주차장이 있어.

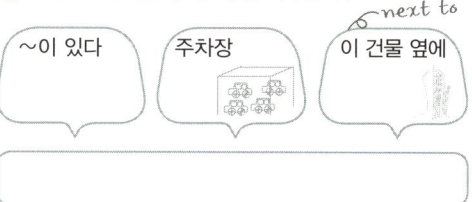

6 그는 비밀스러운 것들이 많아.

7 영화관이 이 근처에 있어.

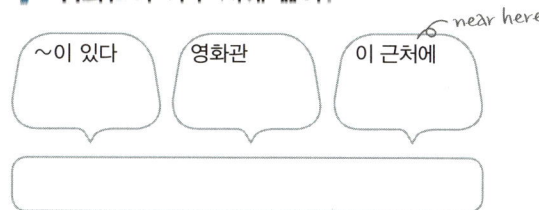

Unit 01 there is, there are

Sample 다양한 나라에서 온 많은 사람들이 있어.

There are a lot of people from various countries.

answer
08. There are two genders in this world.
09. There are many signs on the road.
10. There are two cars in the parking lot.

8 이 세상엔 두 가지의 성이 있어.

9 길에는 많은 신호들이 있어.

10 주차장에 자동차 두 대가 있어.

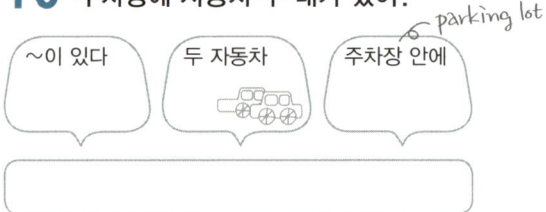

11. There are many books in the trunk.
12. There are many similarities between the two.
13. There are many types of people in this world.
14. There are too many typos in this paper.

11 트렁크 안에 책 여러 권이 있어.

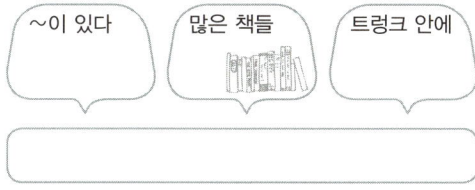

12 그 둘 사이엔 많은 공통점이 있어.

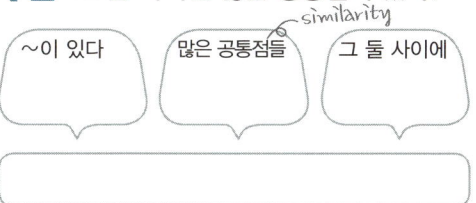

13 이 세상엔 많은 종류의 사람들이 있어.

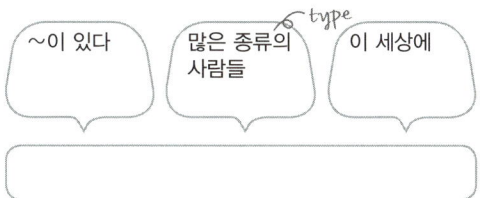

14 이 논문에는 오타가 너무 많아.

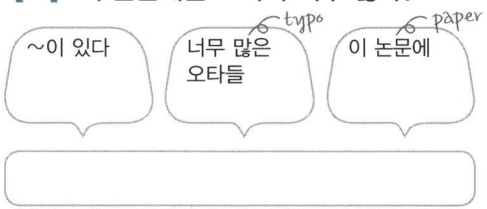

Unit 01 there is, there are

15. There is no hope.
16. There is no news.
17. There is no reason.

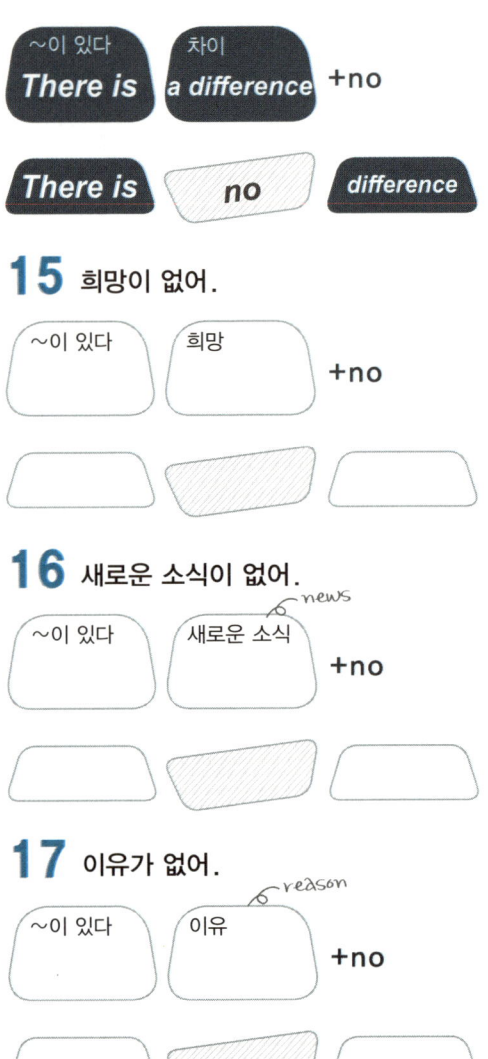

18. There is no question about it.
19. There is no one in the park.
20. There is no park near the apartment.
21. There is no more space.

18 그것에 대한 질문은 없어.

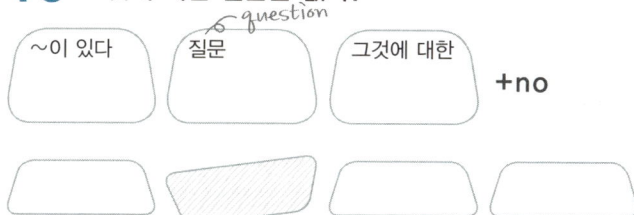

19 공원에는 아무도 없어.

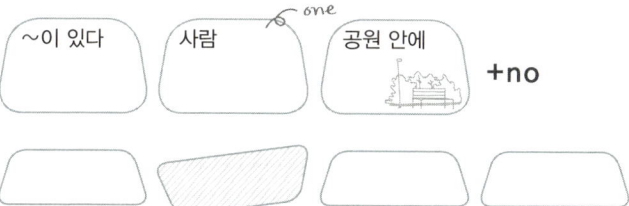

20 아파트 근처에 공원이 없어.

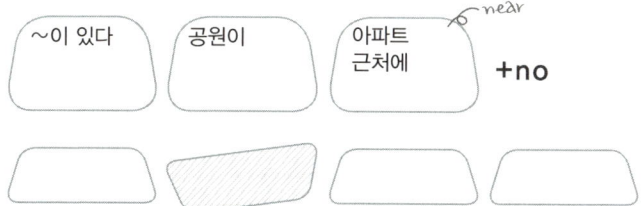

21 더 이상의 공간이 없어.

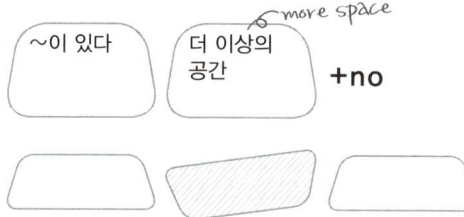

Unit 01 there is, there are

22. There are no more ideas.
23. There are no tickets for the show.
24. There are no clouds in the sky.

Sample 문제 없어.

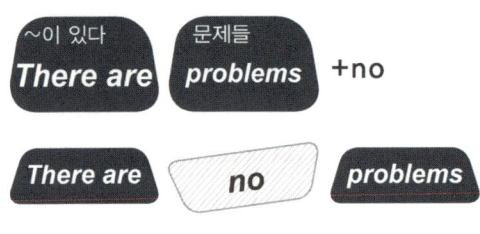

22 더 이상의 아이디어는 없어.

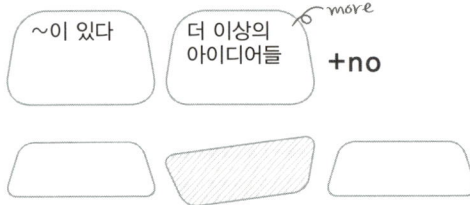

23 그 쇼의 티켓이 없어.

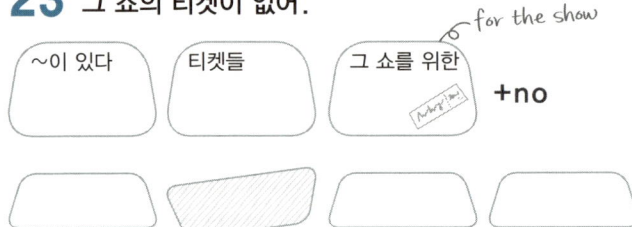

24 하늘에 구름 한 점 없어.

25. There are no chairs around the table.
26. There are no vacant seats on this train.
27. There are no questions.
28. There are no reasons.

25 테이블 주변에 의자가 없어.

~이 있다 | 의자들 | 테이블 주변에 (around the table) | +no

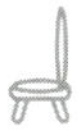

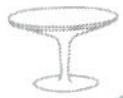

26 이 기차엔 빈 자리가 없어.

~이 있다 | 빈 자리 (vacant) | 이 기차에 | +no

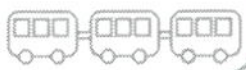

27 질문이 없어.

~이 있다 | 질문들 | +no

28 이유가 없어.

~이 있다 | 이유들 | +no

Unit 01 there is, there are

Sample 어떤 차이가 있어?

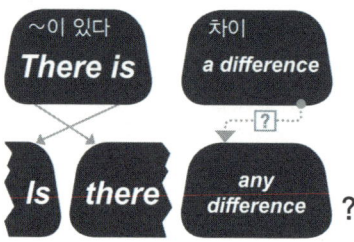

answer

29. Is there any hope?
30. Is there any news?
31. Is there a park near the apartment?
32. Is there a cup on the desk?
33. Is there a bus route from the airport?
34. Is there another way to solve this situation?

29 무슨 희망이 있어?

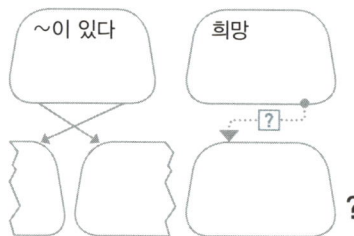

30 무슨 새로운 소식 있어?

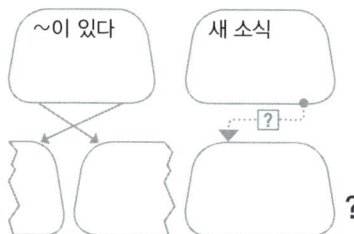

31 아파트 근처에 공원이 있어?

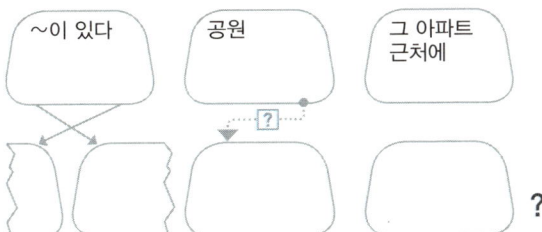

32 책상 위에 컵이 있어?

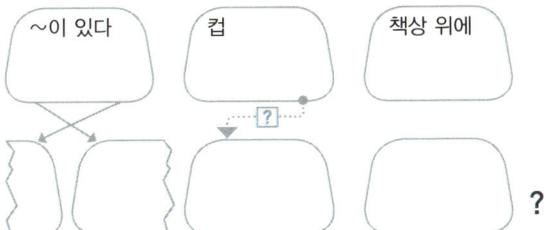

33 그 공항으로부터의 버스 노선이 있어?

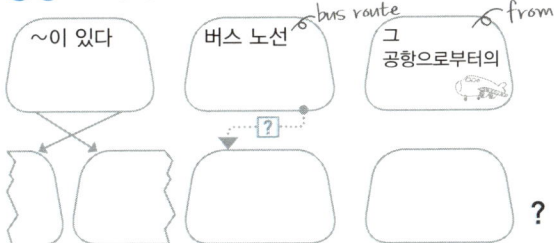

34 이 상황을 해결할 다른 방법 있어?

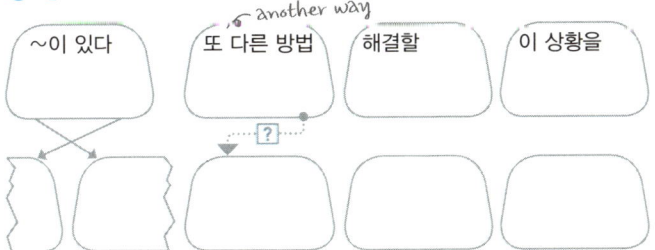

Unit 01 there is, there are

Sample 무슨 질문 있어?

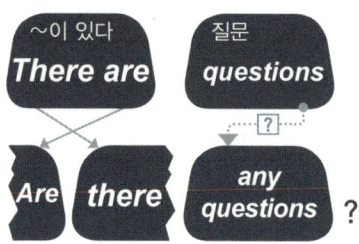

answer

35. Are there any reasons?
36. Are there any English speakers here?
37. Are there any apples in the refrigerator?
38. Are there any tickets for the noon show?
39. Are there any messages for me?
40. Are there any other ideas?

35 무슨 이유가 있어?

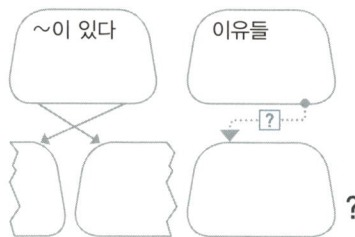

36 여기에 영어를 할 수 있는 사람들이 있어?

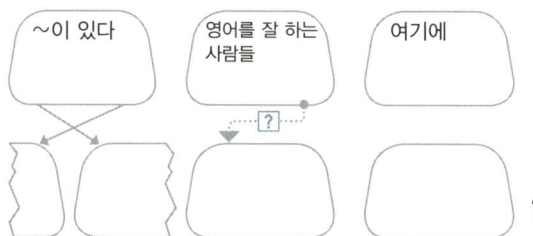

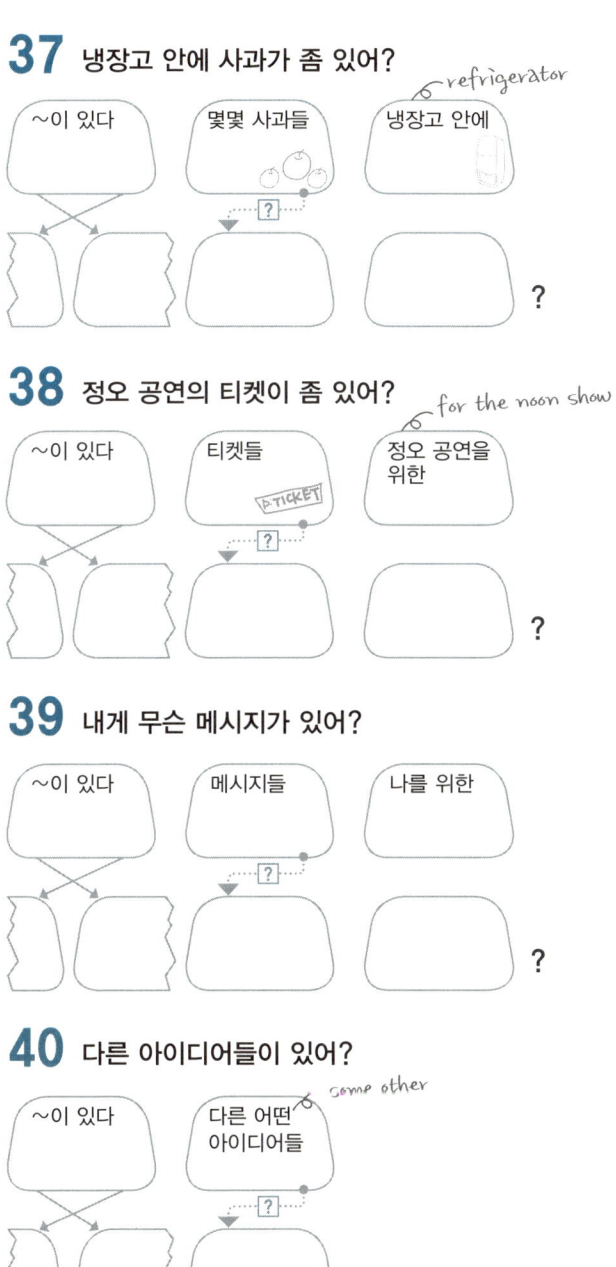

Unit 01 there is, there are

41. There was a boy in the play ground.
42. There was a special event for children.
43. There was a big tree in my town.

Sample 내 차에는 아무것도 없었어.

There was nothing in my car.

41 한 소년이 놀이터에 있었어.

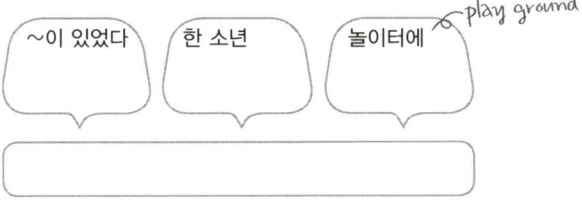

playground

42 아이들을 위한 특별 이벤트가 있었어.

children

43 내 마을엔 커다란 나무가 있었어.

44. There was a concert in New York City.
45. There was a guitar in a corner of the room.
46. There was an interesting article.
47. There was a big fight in the club.

44 뉴욕 시에서 콘서트가 있었어.

45 방구석에는 기타가 한 대 있었어.

46 흥미로운 기사가 있었어.

47 클럽에서 큰 싸움이 있었어.

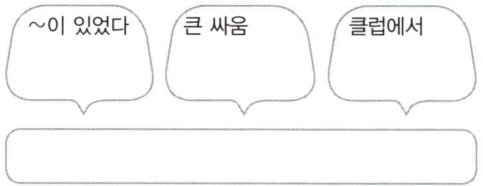

Unit 01 there is, there are

48. There were so many people on the bus.
49. There were many arguments about it.
50. There were misunderstandings between the two.

Sample 공원에는 많은 나무가 있었어.

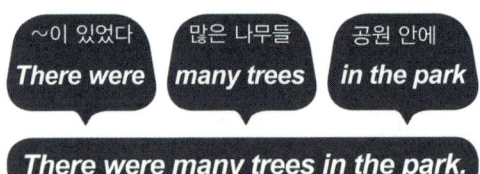

48 버스에는 너무 많은 사람들이 있었어.

49 그것에 대한 많은 논쟁들이 있었어.

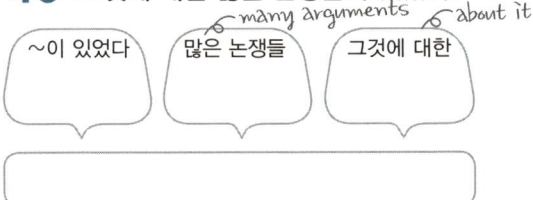

50 그 둘 사이에는 오해가 있었어.

51. There were lots of superstars at the rock concert.
52. There were big problems at my company.
53. There were a few people in the room.
54. There were about fifty people over there.

51 록 콘서트에는 많은 슈퍼스타들이 있었어.

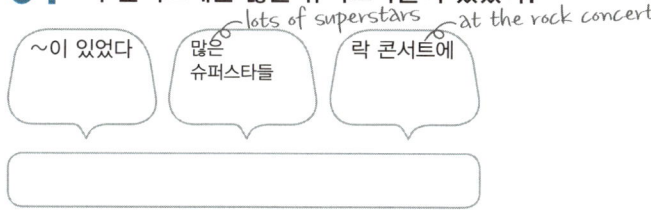

52 내 회사에 큰 문제들이 있었어.

53 방에는 몇몇 사람들이 있었어.

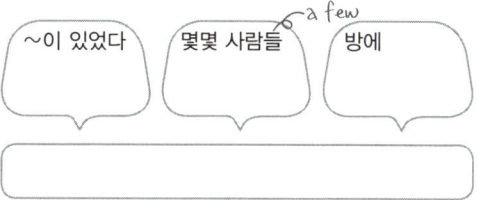

54 저쪽에는 50명이 넘는 사람들이 있었어.

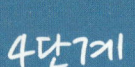

Unit 01 there is, there are

입으로 말하다

55 냉장고에 케이크가 있어. (~이 있다) (케이크) (냉장고에)

56 그것에 뭔가 문제가 있어. (~이 있다) (잘못된 무엇) (그것에 대해)

57 쇼핑몰에 많은 사람들이 있어. (~이 있다) (많은 사람들) (쇼핑몰에)

58 저기에 빈 자리들이 있어. (~이 있다) (빈자리들 ⌐empty) (저기에서)

59 지금 빈 방이 없어. (~이 있다) (이용 가능한 방 ⌐rooms available) (지금) +no

60 이 주변에 식당이 없어. (~이 있다) (식당들) (여기 주변에) +no

61 여기에 영어를 할 수 있는 사람이 없어. (~이 있다) (영어를 할 수 있는 사람 ⌐English speakers) (여기에) +no

62 의심의 여지가 없어. (~이 있다) (의심의 여지 ⌐room for doubt) +no

63 중요한 어떤 것이 있었어. (~이 있었다) (중요한 어떤것 ⌐important)

다섯번 입으로 말하기

64　버스 안에는 빈자리가 없었어.　｜～이 있었다｜빈 좌석들(empty)｜버스 안에｜+no

65　상처가 없었어.　｜～이 있었다｜상처가(injury)｜+no

66　오늘 수업이 없었어.　｜～이 있었다｜수업들(class)｜오늘｜+no

67　지난 여름에 많은 미술 전시회가 있었어.　｜～이 있었다｜많은 미술전시(exhibit)｜지난 여름에｜

68　오늘 축제가 있니?　｜～이 있다｜축제｜오늘｜+no

69　큰 차이가 있었니?　｜～이 있었다｜큰 차이｜+?

70　다른 마실 것 있어?　｜～이 있다｜다른 어떤 것(anything else)｜마시는｜+?

71　어떤 부작용이 있니?　｜～이 있다｜어떤 부작용(side effects)｜+?

72　무슨 문제들이 있어?　｜～이 있다｜문제들(problem)｜+?

answer

55. 냉장고에 케이크가 있어.	A	There is a cake in the refrigerator.
56. 그것에 뭔가 문제가 있어.	A	There is something wrong with it.
57. 쇼핑몰에 많은 사람들이 있어.	A	There are a lot of people at the shopping mall.
58. 저기에 빈 자리들이 있어.	A	There are empty seats over there.
59. 지금 빈 방이 없어.	A	There are no rooms available now.
60. 이 주변에 식당이 없어.	A	There are no restaurants near here.
61. 영어를 할 수 있는 사람이 없어.	A	There are no English speakers here.
62. 의심의 여지가 없어.	A	There is no room for doubt.
63. 중요한 어떤 것이 있었어.	A	There was something important.
64. 버스 안에는 빈자리가 없었어.	A	There were no empty seats on the bus.
65. 상처가 없었어.	A	There was no injury.
66. 오늘 수업이 없었어.	A	There were no classes today.
67. 지난 여름에 많은 미술 전시회가 있었어.	A	There were many art exhibits last summer.
68. 오늘 축제가 있니?	A	Is there a festival today?
69. 큰 차이가 있었니?	A	Was there a big difference?
70. 다른 마실 것 있어?	A	Is there anything else to drink?
71. 어떤 부작용이 있니?	A	Are there any side effects?
72. 무슨 문제들이 있어?	A	Are there any problems?

Unit 02

얼마나 자주 일어나는 일인가?

영역식 생각훈련 첫걸음!!

1단계

Unit 02 얼마나 자주 일어나는 일인가?

목표를 세우다

She always gets up early.

그녀는 항상 일찍 일어나.

| 그녀는 | 항상 / 주로 / 종종 / 가끔 / 절대 ~ 않아 | 일찍 일어나. |

다섯번 입으로 말하기 ☑ ☆ ☆ ☆ ☆ ☆

새해를 맞이할 때마다 매번 새로운 결심을 하고는 합니다. 하지만 그 결심이 항상 제대로 지켜지는 것은 아니지요. 날마다 꾸준히 운동하겠다 결심을 하더라도 그것이 지켜지는 것은 잠시뿐, 처음엔 결심대로 항상 운동하더라도 얼마 지나지 않아 횟수가 점점 줄어들고는 합니다. 매일에서 '종종'으로, 다시 '가끔'으로, 마침내는 전혀 하지 않게 되기도 하고요. 어떤 일이 얼마나 자주 일어나게 되는 일인지 알려주는 표현들을 비교해서 배워보겠습니다.

She | always / usually / often / sometimes / never | **gets up early.**

2단계

Unit 02 얼마나 자주 일어나는 일인가?

원리를 이해하다

얼마나 자주 어떤 일을 하는지를 말하는 부사들은 **'빈도부사'**라고 부릅니다.

always	: 항상
usually	: 보통, 대게
often	: 자주
sometimes	: 종종, 가끔
hardly	: 좀처럼 하지 않는다
never	: 절대 하지 않는다

보통의 부사들은 주로 문장의 맨 뒤에 사용되지만
빈도부사들은 동사의 바로 앞이나 뒤에 사용됩니다.

I always drink water.　(저는 항상 물을 마셔요.) → **일반동사의 앞**

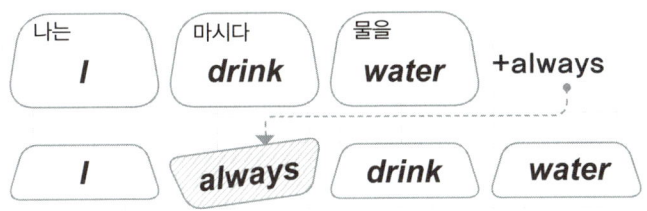

I am always tired.　(저는 항상 피곤해요.) → **be동사의 뒤**

3단계

Unit 02 얼마나 자주 일어나는 일인가?

손으로 쓰다

Sample 그는 항상 운동을 한다.

  +always

  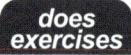

01. She is hardly busy.
02. We never drink coffee.
03. He is usually in his office.

1 그녀는 거의 바쁘지 않아.

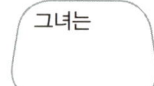 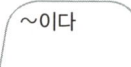 +hardly

2 우리는 절대 커피를 마시지 않는다.

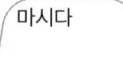  +never

3 그는 주로 그의 사무실에 있어.

 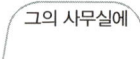  +usually

04. I often read books.
05. He sometimes feels too much pressure.
06. They are always tired.
07. I usually walk to work.

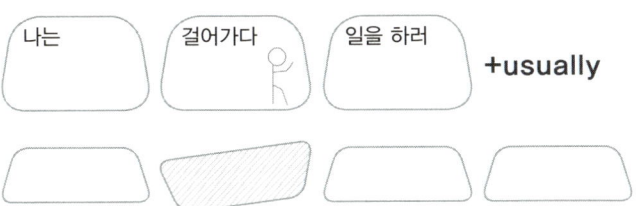

Unit 02 얼마나 자주 일어나는 일인가?

08. Alice is often wrong.
09. We are sometimes crazy.
10. Tom hardly spends time with his kids.
11. They never stay up at night.

8 앨리스는 종종 틀려.

9 우리는 가끔 미쳐.

10 탐은 거의 그의 아이들과 시간을 보내지 않는다.

11 그들은 절대 밤에 깨어 있지 않는다.

12. We usually have dinner together.
13. We always eat breakfast.
14. She hardly goes fishing.
15. I am never happy.

12 우리는 주로 저녁을 함께 먹는다.

13 우리는 항상 아침을 먹는다.

14 그녀는 거의 낚시를 하러 가지 않는다.

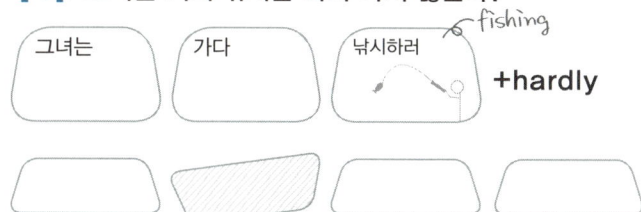

15 난 전혀 행복하지 않아.

4단계

Unit 02 얼마나 자주 일어나는 일인가?

입으로 말하다

16	그녀는 항상 방을 청소한다.	그녀는	청소하다	방을	+always
17	그 매니저는 항상 친절하다.	그 매니저는	~이다	친절한	+always
18	에이미는 항상 늦는다.	에이미는	~이다	늦는	+always
19	그녀는 주로 일찍 일어난다.	그녀는	일어나다	일찍	+usually
20	그 소년들은 주로 채소를 먹는다.	그 소년들은	먹다	채소들을 *vegetable*	+usually
21	그 고양이는 주로 지붕에서 잔다.	그 고양이는	잠을 자다	지붕 위에서	+usually
22	우리는 종종 영화를 보러 간다.	우리는	가다	영화를 보러 *to the movies*	+often
23	나는 종종 록 음악을 듣는다.	나는	듣다 *listen to*	록 음악을	+often
24	맥과 앨리스는 종종 아침을 함께 먹는다.	맥과 앨리스는	먹는다	아침을	함께	+often

050

다섯번 입으로 말하기 ✓ ☆ ☆ ☆ ☆

25 탐은 가끔 망친다. | 탐은 | 망치다 (mess up) | +sometimes

26 나는 가끔 선글라스를 쓴다. | 나는 | 입다 | 선글라스를 (sunglasses) | +sometimes

27 케이트는 가끔 박물관에 간다. | 케이트는 | 가다 | 박물관에 | +sometimes

28 나는 거의 팝 음악을 듣지 않는다. | 나는 | 듣다 | 팝 음악을 | +hardly

29 그는 거의 편지를 쓰지 않는다. | 그는 | 쓰다 | 편지를 | +hardly

30 그녀는 거의 닭을 먹지 않는다. | 그녀는 | 먹다 | 닭을 | +hardly

31 그녀는 절대 그녀의 꿈을 포기하지 않는다. | 그녀는 | 포기하다 | 그녀의 꿈을 | +never

32 그는 절대 거짓말을 하지 않는다. | 그는 | 말하다 | 거짓말을 | +never

33 나는 절대 아침을 먹지 않는다. | 나는 | 먹다 | 아침밥을 | +never

answer

16. 그녀는 항상 방을 청소한다.   **A** She always cleans the room.

17. 그 매니저는 항상 친절하다.   **A** The manager is always kind.

18. 에이미는 항상 늦는다.   **A** Amy is always late.

19. 그녀는 주로 일찍 일어난다.   **A** She usually gets up early.

20. 그 소년들은 주로 채소를 먹는다.   **A** The boys usually eat vegetables.

21. 그 고양이는 주로 지붕에서 잔다.   **A** The cat usually sleeps on the roof.

22. 우리는 종종 영화를 보러 간다.   **A** We often go to the movies.

23. 나는 종종 록 음악을 듣는다.   **A** I often listen to rock music.

24. 맥과 앨리스는 종종 아침을 함께 먹는다.   **A** Mac and Alice often eat breakfast together.

25. 탐은 가끔 망친다.   **A** Tom sometimes messes up.

26. 나는 가끔 선글라스를 쓴다.   **A** I sometimes wear sunglasses.

27. 케이트는 가끔 박물관에 간다.   **A** Kate sometimes goes to the museum.

28. 나는 거의 팝 음악을 듣지 않는다.   **A** I hardly listen to pop music.

29. 그는 거의 편지를 쓰지 않는다.   **A** He hardly writes a letter.

30. 그녀는 거의 닭을 먹지 않는다.   **A** She hardly eats chicken.

31. 그녀는 절대 그녀의 꿈을 포기하지 않는다.   **A** She never gives up her dream.

32. 그는 절대 거짓말을 하지 않는다.   **A** He never tells a lie.

33. 나는 절대 아침을 먹지 않는다.   **A** I never eat breakfast.

Unit 03
무언가에 비교해서 말하기

영어식 생각훈련 첫걸음!!

1단계

Unit 03 무언가에 비교해서 말하기
목표를 세우다

He is as tall as me.

그는 나 만큼 키가 커.

그는 [　　　]해

키가 큰
힘이 센
똑똑한
잘 생긴
돈 많은

나 만큼

다섯번 입으로 말하기

'남의 떡이 더 커 보인다'는 말이 있습니다. 똑같은 몫을 나누어 가졌다 하더라도, 남의 것이 내 것보다 왠지 모르게 더 많아 보이는 심리를 말하는 표현이지요. 반대로 내 것은 상대방의 것보다 적어 보이고요. 그처럼 서로 정도의 차이가 있는 둘 이상의 대상을 비교하여 말하는 법에 대해서 배워보겠습니다. '이것은 저것과 비슷하다'라거나, '이것은 저것보다 더 ~하다'라는 식의 표현을 하는 법에 대해서요.

He is as
tall
strong
smart
handsome
rich
as me.

2단계

Unit 03 무언가에 비교해서 말하기

원리를 이해하다

'무엇만큼', 혹은 '무엇보다'라는 표현은 **'비교급'**이라고 부릅니다. 비교급에는 다음과 같은 형태가 있습니다.

동급
- as big as ~ : ~만큼 큰
- not as big as ~ : ~만큼 크지는 않은

우열
- bigger than ~ : ~보다 더 큰
- smaller than ~ : ~보다 더 작은

최상
- the biggest : 가장 큰
- the smallest : 가장 작은

우열비교를 만들 땐 **형용사에 er**을 붙입니다.
그리고 최상 비교를 만들 땐 **형용사에 est**를 붙입니다.

> big → bigger
> big → the biggest

하지만 여러 음절의 형용사(긴 형용사)는 er이나 est를 붙이는 대신에 **more**나 **most**를 사용합니다.

> beautiful → more beautiful
> beautiful → the most beautiful

3단계

Unit 03 무언가에 비교해서 말하기
손으로 쓰다

Sample 그는 그의 친구만큼 좋은 사람이야.

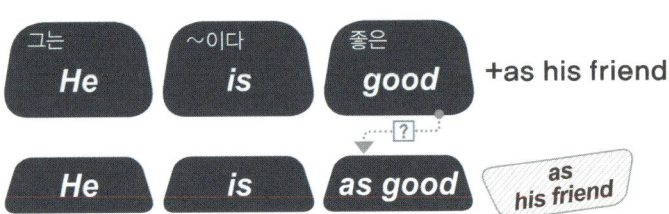

1 앨리스는 그녀의 상사만큼 부지런한 사람이야.

2 나는 잭만큼 강해.

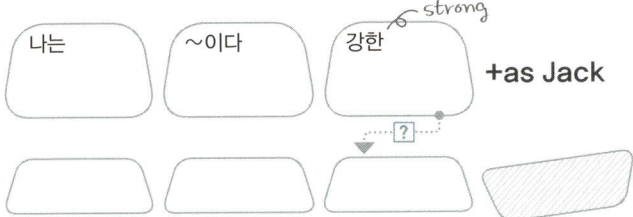

3 그의 다리는 그의 팔만큼 짧아.

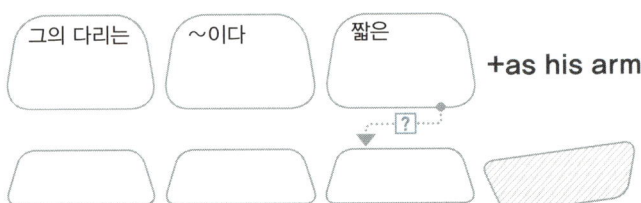

01. Alice is as diligent as her boss.
02. I am as strong as Jack.
03. His leg is as short as his arm.
04. His house is as big as mine.
05. He is as fast as me.
06. He is as handsome as me.
07. My house is as big as Central Park.

4 그의 집은 내 집만큼 커.

5 그는 나만큼 빨라.

6 그는 나만큼 잘생겼어.

7 내 집은 센트럴 파크만큼 넓어.

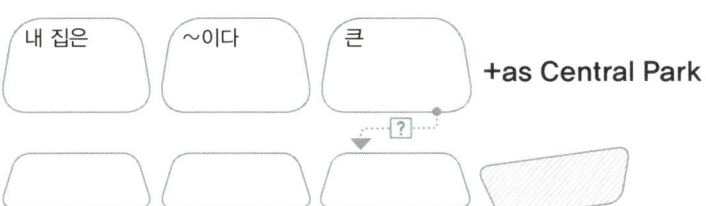

Unit 03 무언가에 비교해서 말하기

08. Jenny is not as pretty as Alice.
09. Jack is not as fat as Alex.
10. He is not as smart as Tim.
11. Kate is not as funny as Tom.

Sample 그것은 이 차만큼 비싸지 않아.

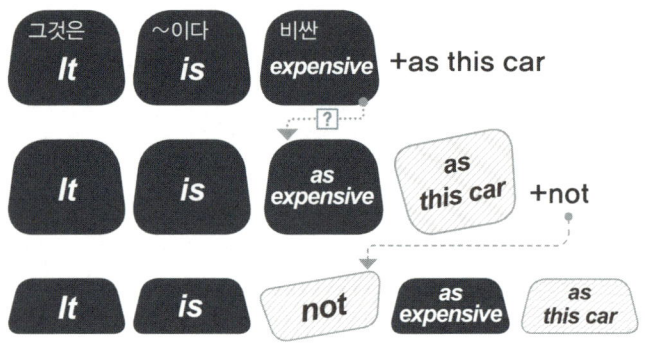

8 제니는 앨리스만큼 예쁘지 않아.

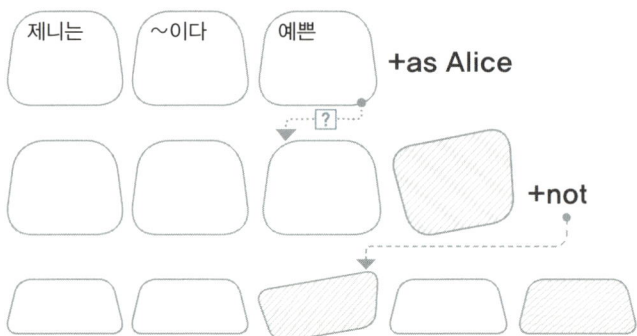

9 잭은 알랙스만큼 뚱뚱하지 않아.

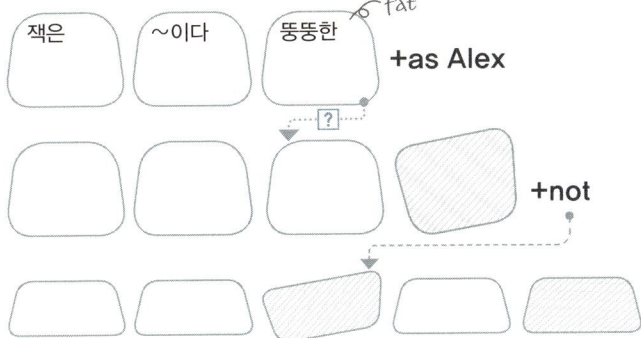

10 그는 팀만큼 똑똑하지 않아.

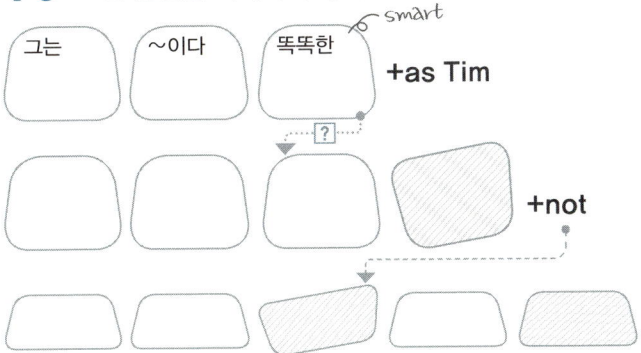

11 케이트는 탐만큼 재미있지 않아.

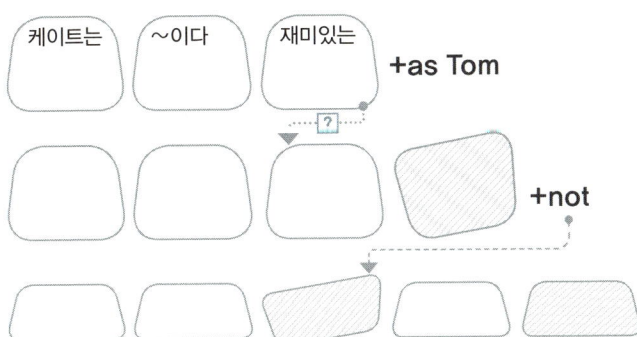

Unit 03 무언가에 비교해서 말하기

12. He is better than her.
13. Bob is younger than Steve.
14. Tim is older than Eric.

Sample 그는 나보다 바빠.

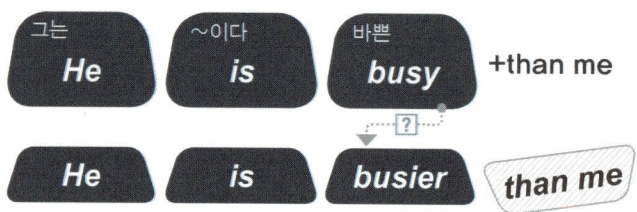

12 그는 그녀보다 나아.

13 밥은 스티브보다 어려.

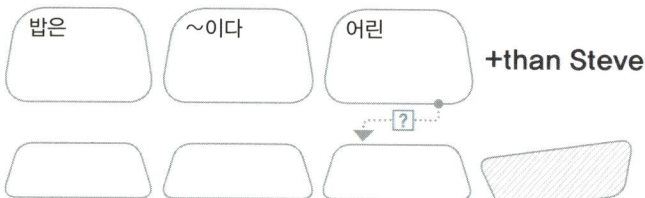

14 팀은 에릭보다 나이가 많아.

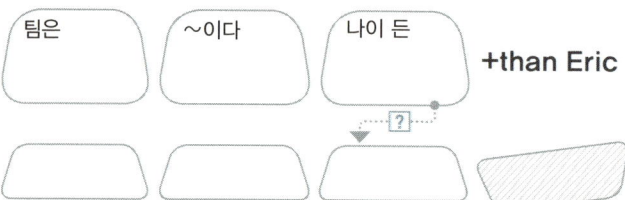

15. I am smarter than him.
16. My bag is heavier than yours.
17. Time is more important than money.
18. This car is more expensive than that car.

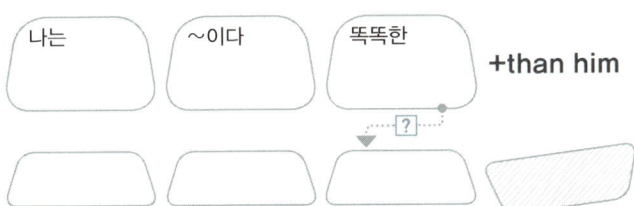

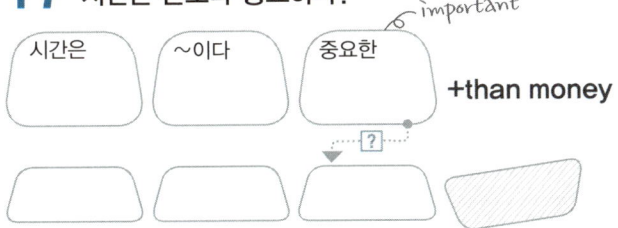

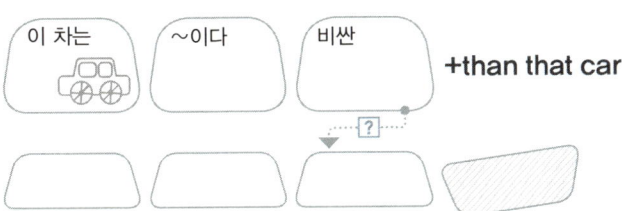

Unit 03 무언가에 비교해서 말하기

answer
19. They are more serious than me.
20. This book is more popular than the Harry Potter books.
21. Alice is more beautiful than her sister.
22. This book is more exciting than any other thing.

19 그들은 나보다 더 심각하다.

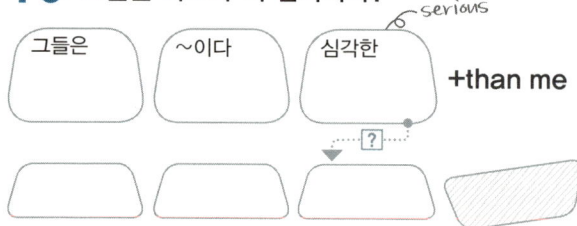

20 이 책은 해리포터 책보다 더 인기 있다.

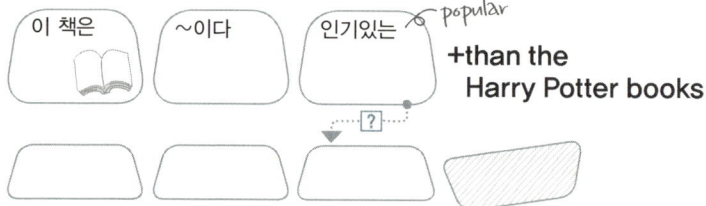

21 앨리스는 그녀의 여동생보다 더 예뻐.

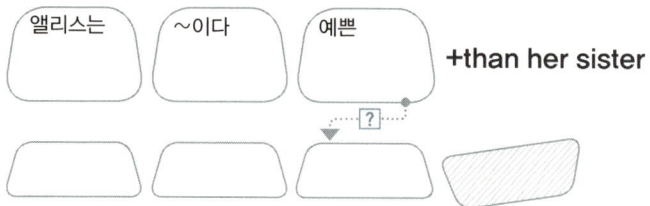

22 이 책은 다른 어떤 것보다 더 흥미진진해.

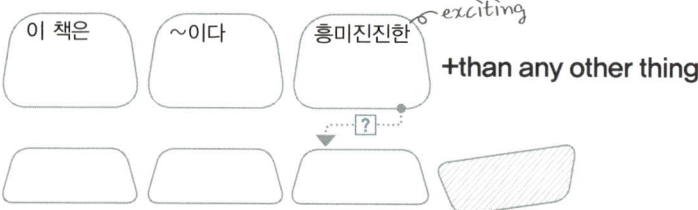

23. She is smarter than her father.
24. She is more careful than Amy.
25. This bus is more crowded than usual.
26. My cat is lovelier than yours.

23 그녀는 그녀의 아빠보다 더 영리해.

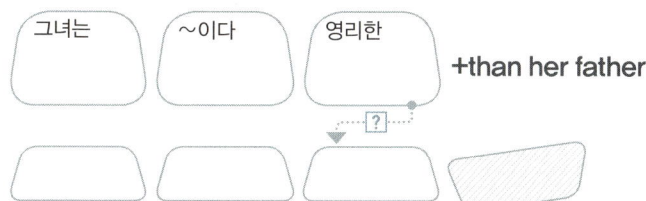

24 그녀는 에이미보다 더 조심성 있어.

25 이 버스는 평소보다 더 붐벼.

26 내 고양이는 너의 고양이보다 더 사랑스러워

Unit 03 무언가에 비교해서 말하기

27. English is not easier than Korean.
28. A fox is not more dangerous than a tiger.
29. He is not more intelligent than his brother.
30. This is not higher than any other building.

Sample 그녀는 나보다 예쁘진 않아.

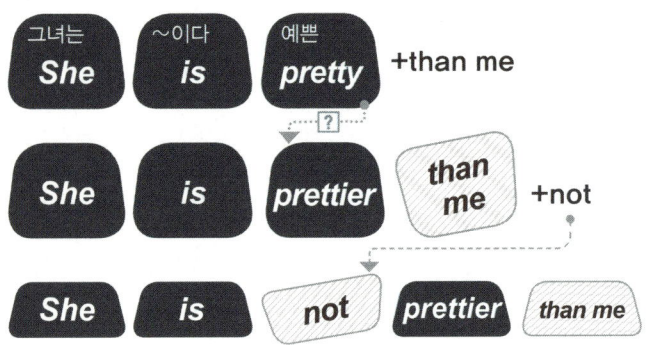

27 영어가 한국어보다 쉽지는 않아.

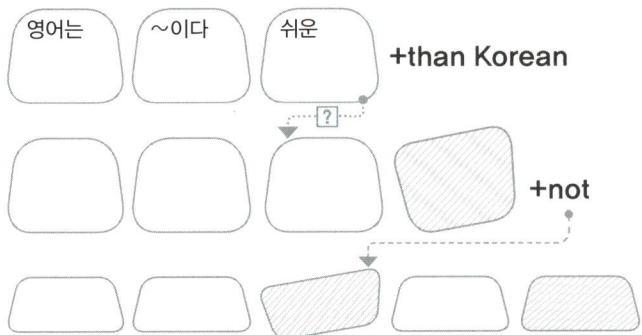

28 여우가 호랑이보다 더 위험하지는 않아.

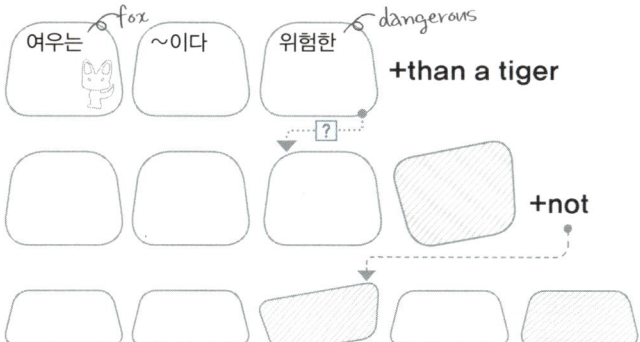

29 그가 그의 형보다 더 똑똑하진 않아.

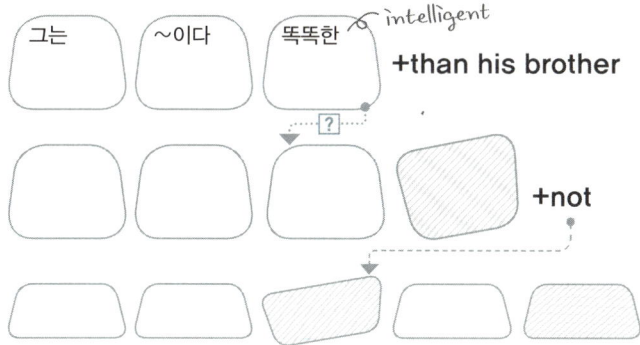

30 이것은 다른 어떤 빌딩보다 더 높지 않아.

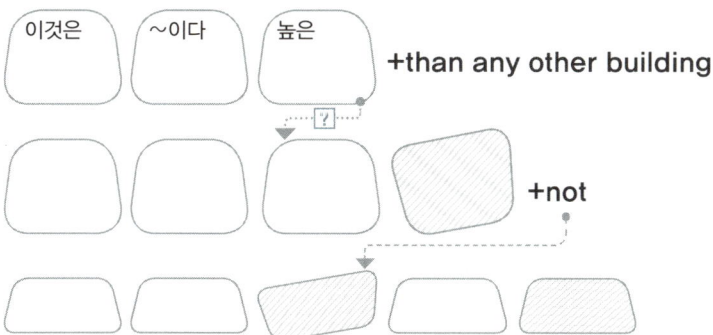

Unit 03 무언가에 비교해서 말하기

31. Now is the happiest time in my life.
32. It is the longest river in the world.
33. I am the youngest in my family.

Sample 그는 한국에 있는 최고의 카운셀러이다.

31 지금이 내 인생에 있어서 최고로 행복한 시간이다.

32 그것이 세계에서 가장 긴 강이야.

33 내가 나의 가족 중에 가장 어려.

34. Today is the coldest day of this year.
35. He is the funniest guy in school.
36. Sam is the most diligent worker in my company.
37. This is the most important matter for me.

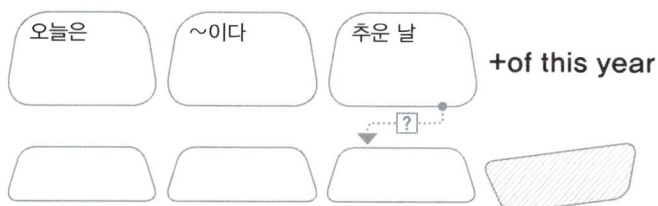

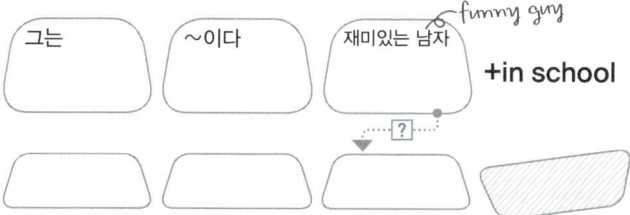

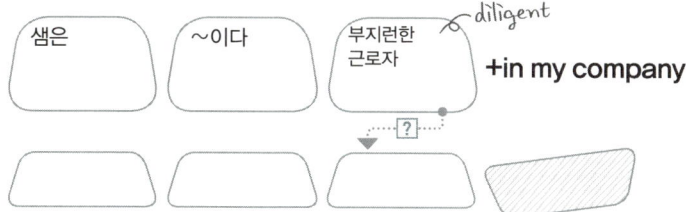

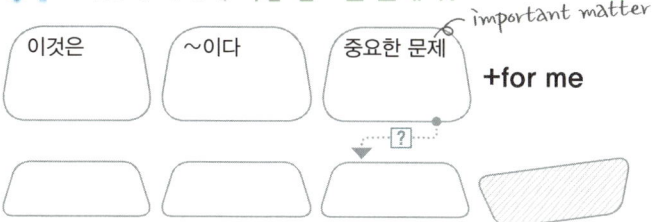

Unit 03 무언가에 비교해서 말하기

38. This is the most interesting issue in this class.
39. This is the most expensive house in the world.
40. She is the most popular girl among girls.
41. His father is the most famous businessman in Korea.

38 이것이 이 수업에서 가장 흥미로운 이슈야.

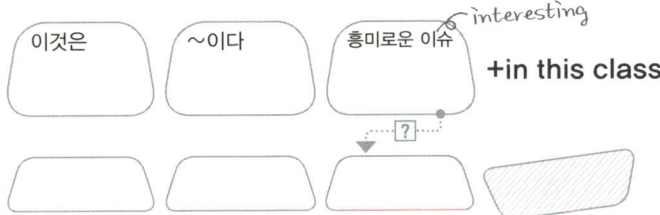

39 이것이 세계에서 가장 비싼 집이야.

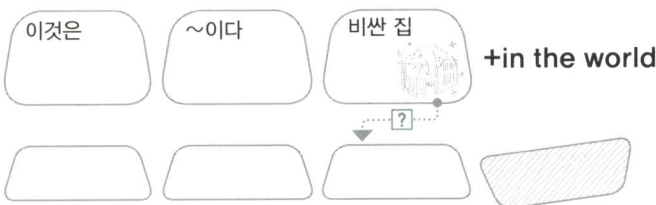

40 그녀는 여자아이들 사이에서 가장 인기 있는 아이야.

41 그의 아버지는 한국에서 가장 유명한 사업가야.

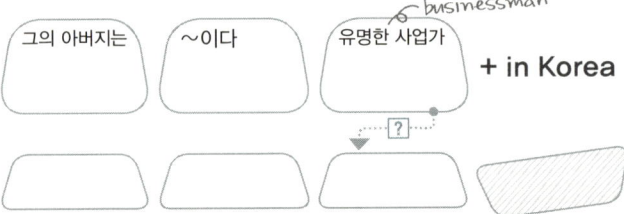

42. It is the hardest problem in the world.
43. This is the most delicious food in Asia.
44. This room is the nicest in this hotel.
45. It is the worst disaster in history.

42 그것이 세계에서 가장 어려운 문제야.

43 이것은 아시아에서 가장 맛있는 음식이야.

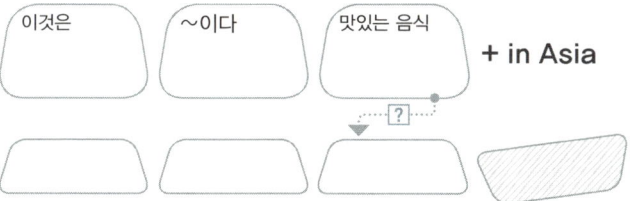

44 이 방은 이 호텔에서 가장 좋아.

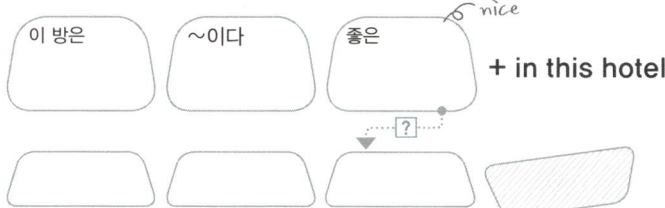

45 그것은 역사상 최악의 재난이야.

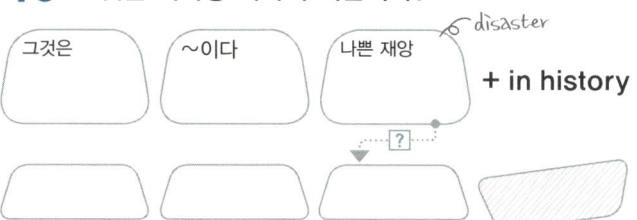

Unit 03 무언가에 비교해서 말하기

46. He is not the fastest runner in his team.
47. She is not the most beautiful girl in her class.
48. It is not the smallest country in the world.
49. I am not the tallest one in my class.

Sample 그게 내 삶의 최악의 순간은 아니야.

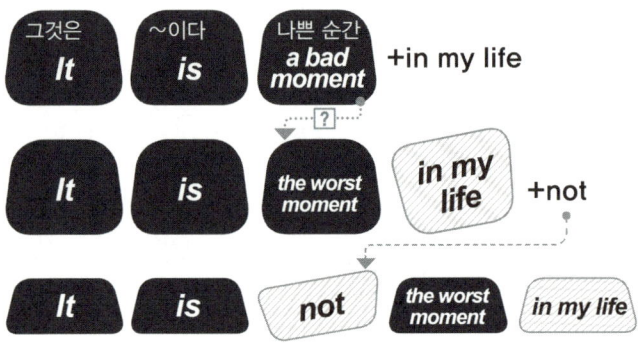

46 그가 그의 팀에서 가장 빠른 주자는 아니야.

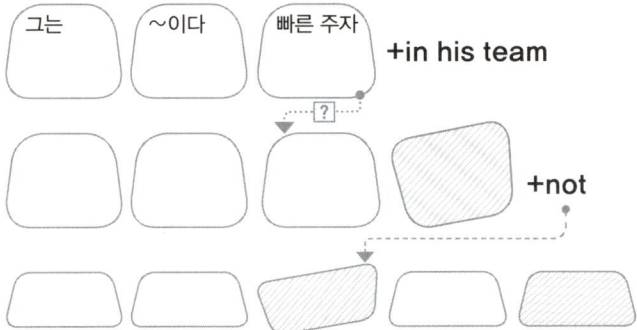

47 그녀가 그녀의 반에서 가장 예쁜 애는 아니야.

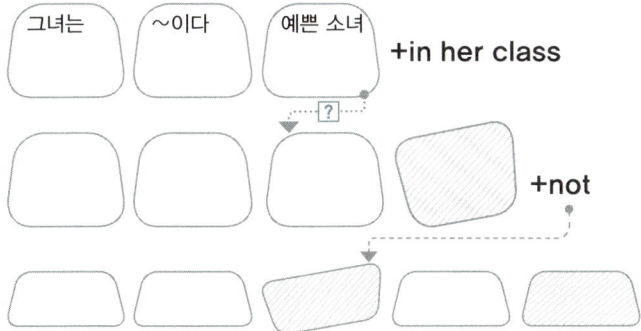

48 그게 세상에서 가장 작은 나라는 아니야.

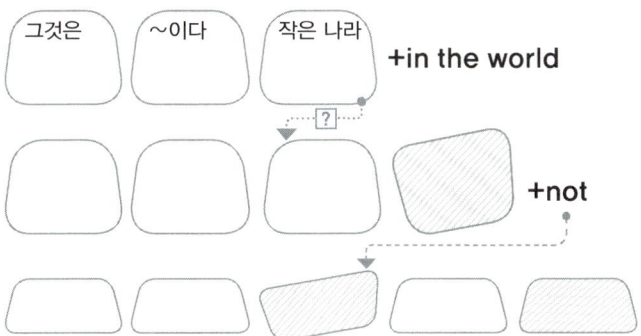

49 나는 반에서 제일 크지 않아.

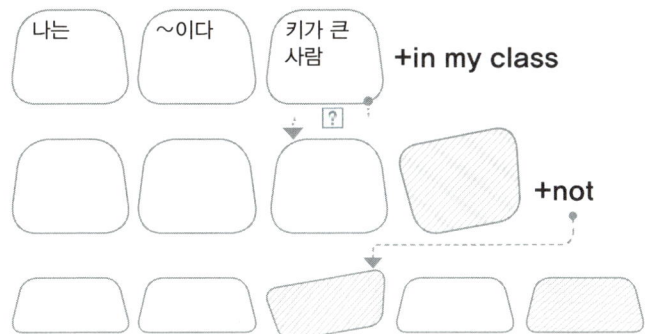

4단계

Unit 03 무언가에 비교해서 말하기
입으로 말하다

50 너는 여신만큼 아름다워.　[너는] [~이다] [아름다운] +as a goddess

51 그녀의 머리는 내 머리만큼 길어.　[그녀의 머리는] [~이다] [긴] +as my hair

52 이것은 저것만큼 중요하지 않아.　[이것은] [~이다] [중요한] +as that one +not

53 데이빗은 제니만큼 현명하지 않아.　[데이빗은] [~이다] [현명한~wise] +as Jenny +not

54 에디는 앨리스보다 키가 작아.　[에디는] [~이다] [키가 작은] +than Alice

55 그는 나보다 더 참을성 있어.　[그는] [~이다] [참을성 있는~patient] +than me

56 그는 데이빗보다 더 부지런해.　[그는] [~이다] [부지런한] +than David

57 이것은 저것보다 저렴해.　[이것은] [~이다] [저렴한] +than that one

58 그 빌딩은 세계에서 가장 높아.　[그 빌딩은] [~이다] [높은] +in the world

074

다섯번 입으로 말하기

59 축구는 세계에서 가장 인기 있는 스포츠야. | 축구는 | ~이다 | 인기 있는 스포츠 | +in the world

60 그가 우리 반에서 가장 진지한 아이야. | 그는 | ~이다 | 진지한 아이 (serious) | +in my class

61 이 호텔은 마을에서 가장 저렴해. | 이 호텔은 | ~이다 | 저렴한 | +in town

62 이 의자는 저것보다 더 편안해. | 이 의자는 | ~이다 | 편안한 (comfortable) | +than that one

63 오늘은 내 인생 최악의 날이었어. | 오늘은 | ~이다 | 나쁜 날 | +of my life

64 나는 빌 게이츠만큼 부유하지 않아. | 나는 | ~이다 | 부유한 (rich) | +as Bill Gates +not

65 시험은 평소보다 어려웠어. | 시험은 | ~이었다 | 어려운 | + than usual

66 어제는 이번 달 제일 추운 날이었어. | 어제는 | ~이었다 | 추운 날 | +of this month

67 자전거는 차만큼 빠르지 않아. | 자전거는 | ~이다 | 빠른 | +as a car +not

answer

50.	너는 여신만큼 아름다워.	A	You are as beautiful as a goddess.
51.	그녀의 머리는 내 머리만큼 길어.	A	Her hair is as long as my hair.
52.	이것은 저것만큼 중요하지 않아.	A	This is not as important as that one.
53.	데이빗은 제니만큼 현명하지 않아.	A	David is not as wise as Jenny.
54.	에디는 앨리스보다 키가 작아.	A	Addy is shorter than Alice.
55.	그는 나보다 더 참을성 있어.	A	He is more patient than me.
56.	그는 데이빗보다 더 부지런해.	A	He is more diligent than David.
57.	이것은 저것보다 저렴해.	A	This is cheaper than that one.
58.	그 빌딩은 세계에서 가장 높아.	A	The building is the highest in the world.
59.	축구는 세계에서 가장 인기 있는 스포츠야.	A	Soccer is the most popular sport in the world.
60.	그가 우리 반에서 가장 진지한 아이야.	A	He is the most serious guy in my class.
61.	이 호텔은 마을에서 가장 저렴해.	A	This hotel is the cheapest in town.
62.	이 의자는 저것보다 더 편안해.	A	This chair is more comfortable than that one.
63.	오늘은 내 인생 최악의 날이야.	A	Today is the worst day of my life.
64.	나는 빌 게이츠만큼 부유하지 않아.	A	I am not as rich as Bill Gates.
65.	시험은 평소보다 어려웠어.	A	The exam was more difficult than usual.
66.	어제는 이번 달 제일 추운 날이었어.	A	Yesterday was the coldest day of this month.
67.	자전거는 차만큼 빠르지 않아.	A	A bike is not as fast as a car.

1단계

Unit 04 의문사 who
목표를 세우다

Who is she?
그녀가 누구니?

☐ 가 누구니?

그녀

앨리스

너의 여동생

유명한 가수

너의 상사

다섯번 입으로 말하기

오랜만에 동호회 모임에 나왔습니다. 처음 보는 얼굴이 있네요. 그것도 아주 예쁜 여자가요. 아직 누구인지는 잘 모르겠지만, 신입 부원이라면 좋겠네요. 그러면 앞으로 모임에 절대 빠지지 않고 꼬박꼬박 나올 텐데요. 그가 누구인지, 혹은 누가 그것을 했는지 등 알아보고자 하는 대상이 '사람'일 때는 의문사 'who'를 사용해 그에 대해서 물어볼 수 있습니다.

Who is
she?
Alice?
your sister?
famous singer?
your boss?

2단계

Unit 04 의문사 who

원리를 이해하다

who는 사람을 대신하는 의문사입니다.
대명사는 항상 어떤 명사를 지우고 그 자리에 대신 사용됩니다.

> I like Jack.
> ▼
> I like him. (him : 대명사)

who 와 같은 **의문사**들도 역시 대명사처럼 사람을 나타내는 어떤 단어나 표현을 지우고 그 자리에 대신 사용됩니다.

> Are you Spiderman?
> ▼
> Are you who?

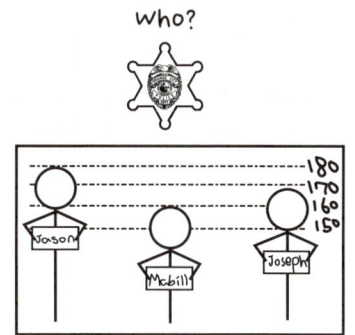

그런데 의문사는 한 가지 더 특징이 있습니다.
문장(혹은 절)의 앞으로 이동해야 한다는 것입니다.

> Are you who? (X)
> Who are you? (O)

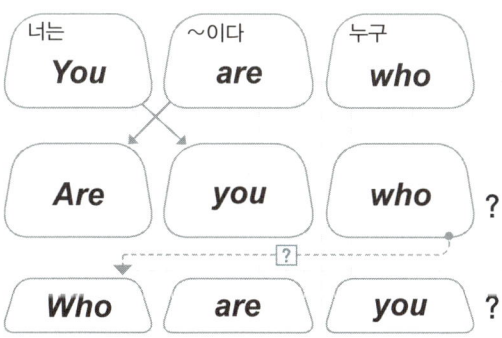

손으로 쓰다

Sample 저 소녀는 누구야?

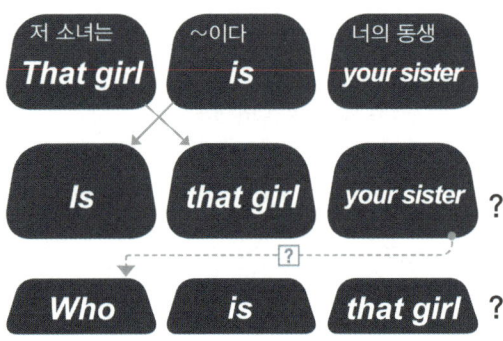

1 너의 상사가 누구야?

01. Who is your boss?
02. Who are you with?
03. Who are you here for?

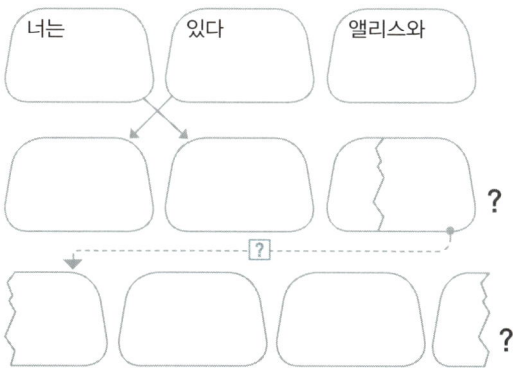

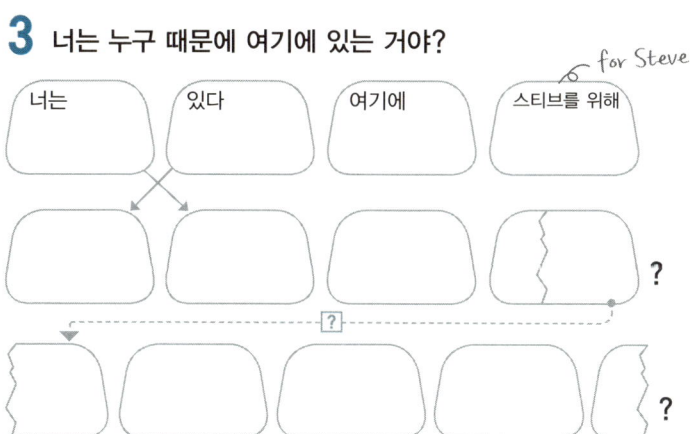

Unit 04 의문사 who

4 너의 감독관이 누구였어?

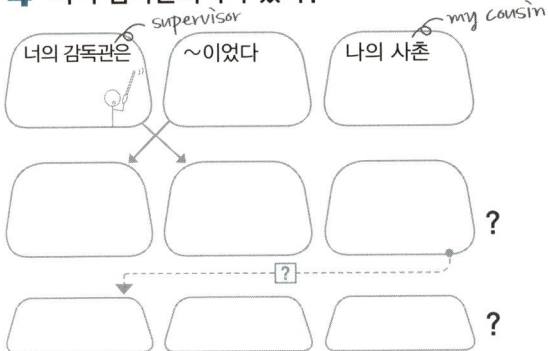

5 너의 라이벌이 누구였어?

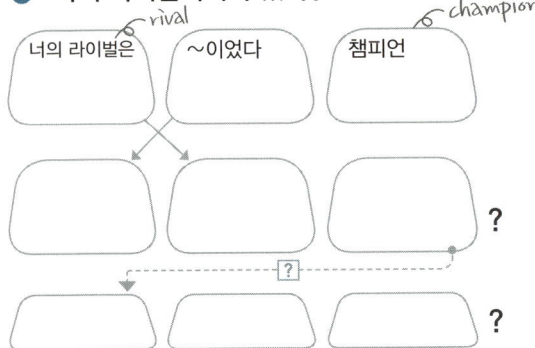

6 너의 가장 친한 친구들이 누구였어?

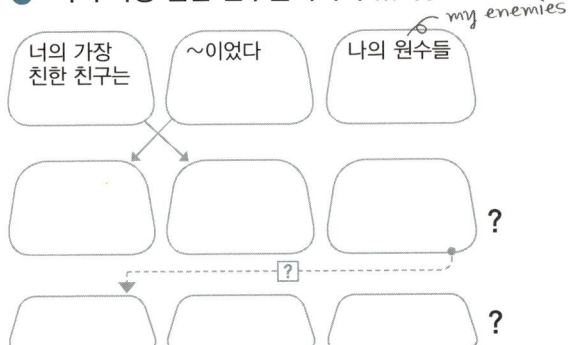

answer
04. Who was your supervisor?
05. Who was your rival?
06. Who were your best friends?

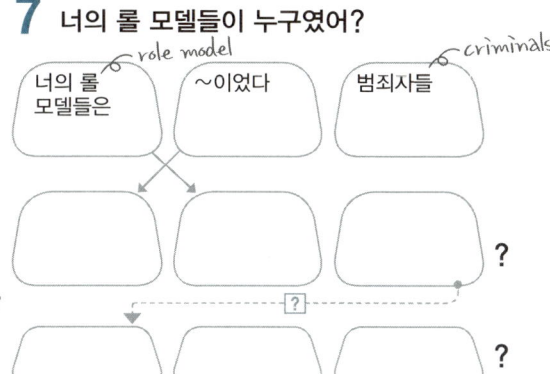

7 너의 롤 모델들이 누구였어?

너의 롤 모델들은 / ~이었다 / 범죄자들 (role model / criminals)

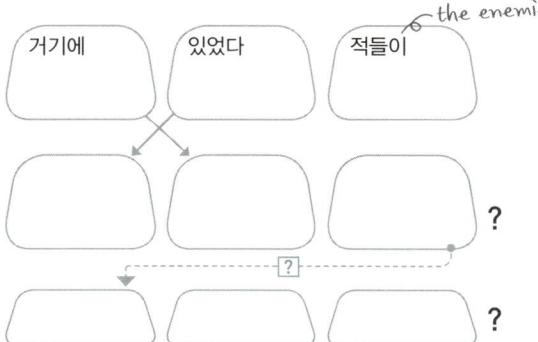

8 거기에 누가 있었니?

거기에 / 있었다 / 적들이 (the enemies)

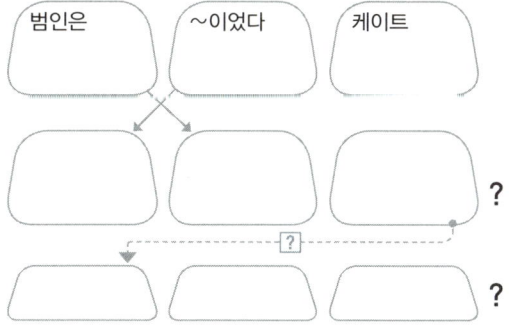

9 범인이 누구였니?

범인은 / ~이었다 / 케이트

 **answer**

07. Who were your role models?
08. Who were there?
09. Who was the criminal?

Unit 04 의문사 who

Sample 그가 누구와 싸우고 있는 거야?

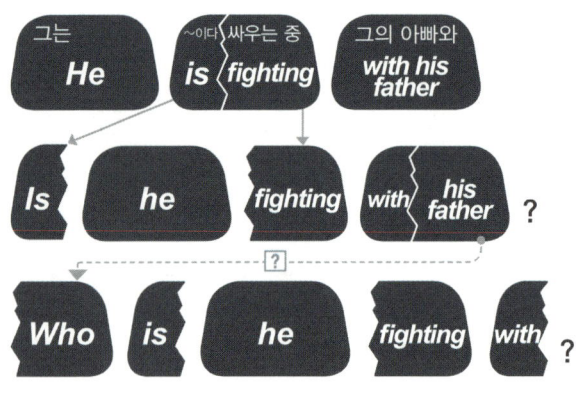

10. Who am I talking to?

10 내가 누구에게 말하고 있는 거지?

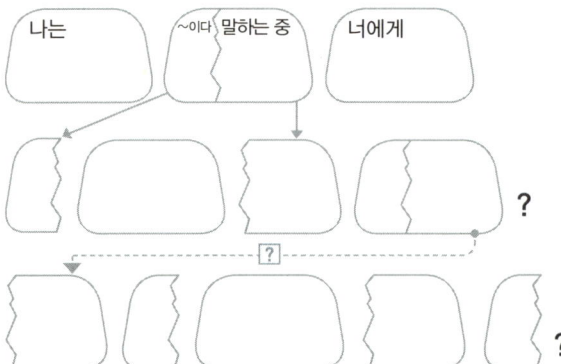

11 너는 누구와 함께 일하고 있어?

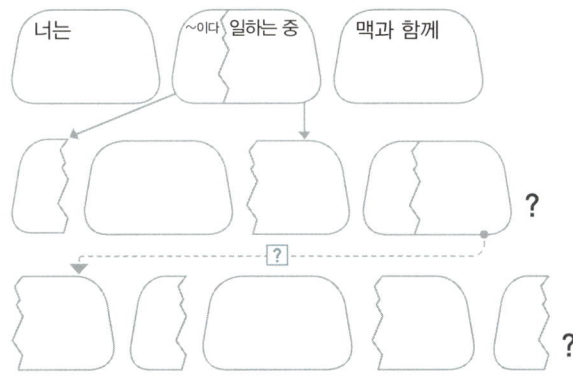

answer

11. Who are you working with?
12. Who is she shouting at?

12 그녀는 누구에게 소리지르고 있는 거지?

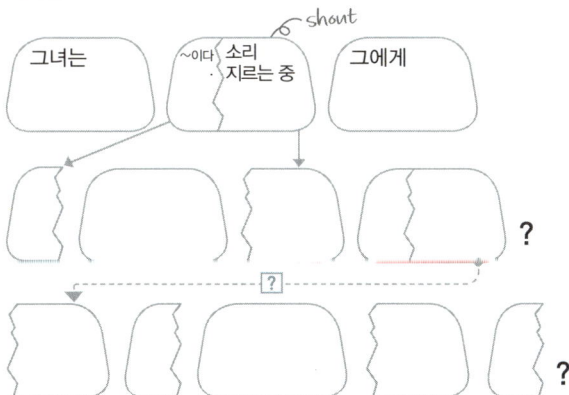

Unit 04 의문사 who

answer

13. Who do you mean?
14. Who does she live with?
15. Who does he love?
16. Who do you respect?

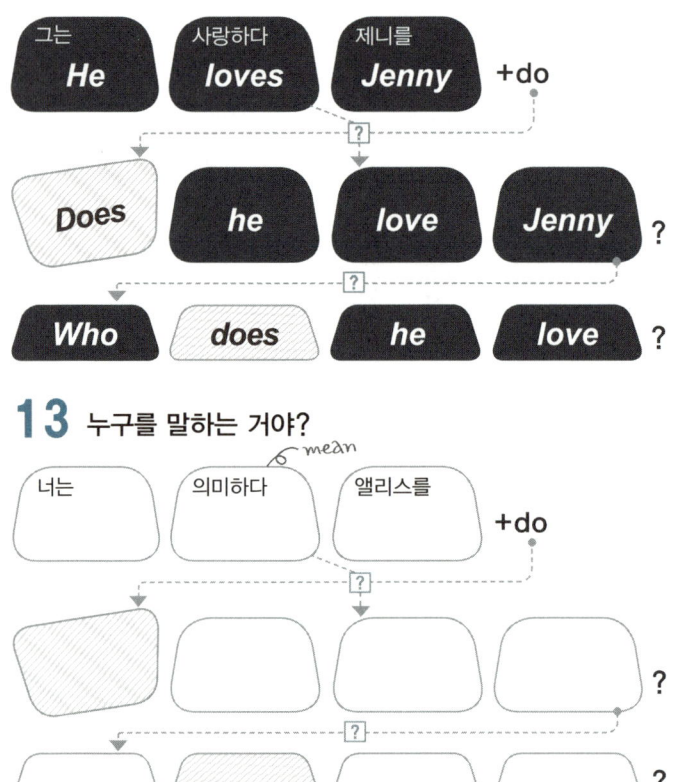

Sample 그가 사랑하는 게 누구야?

그는 **He** / 사랑하다 **loves** / 제니를 **Jenny** +do

Does — he — love — Jenny ?

Who — does — he — love ?

13 누구를 말하는 거야?

너는 / 의미하다 (mean) / 앨리스를 +do

14 그녀는 누구와 함께 사는 거야?

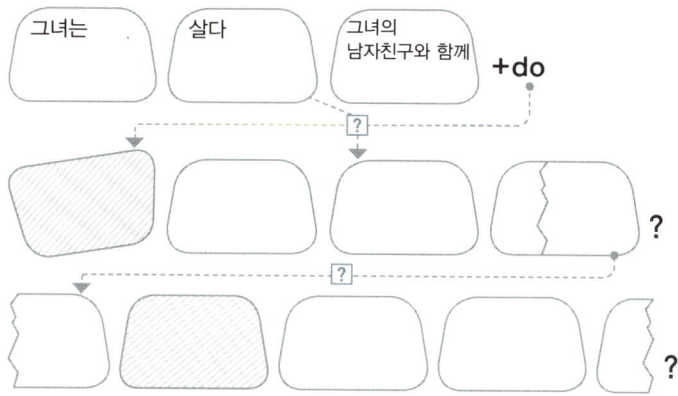

15 그는 누구를 사랑해?

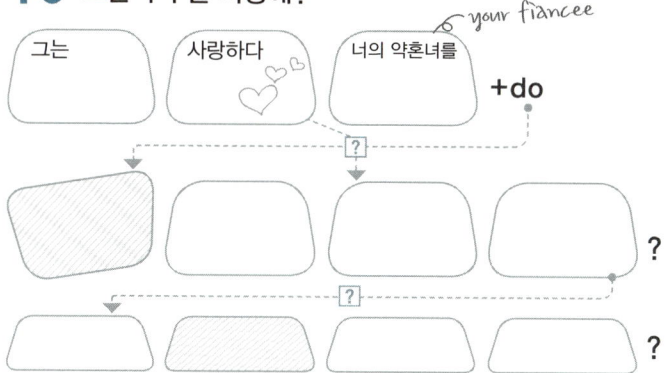

16 너는 누구를 존경해?

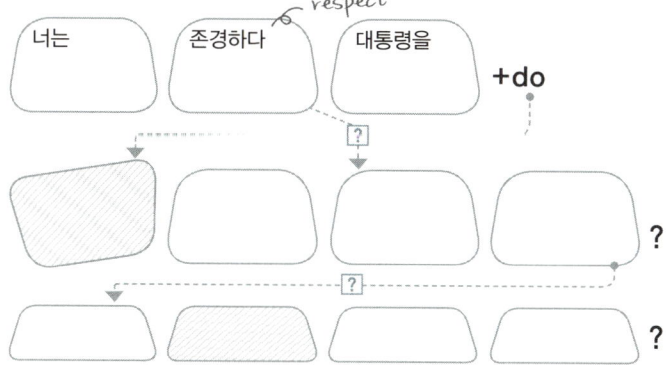

Unit 04 의문사 who

17 그가 누구처럼 보이는데?

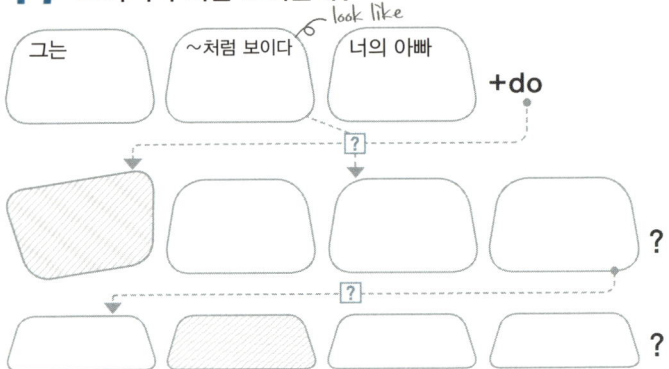

18 너 누구를 생각하는 거야?

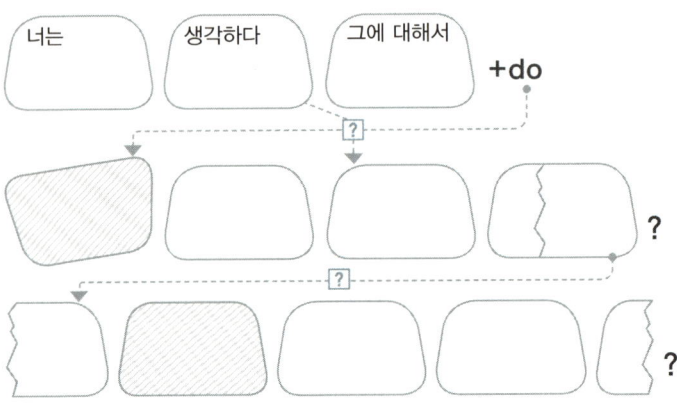

19 네가 되고 싶은 게 누구야?

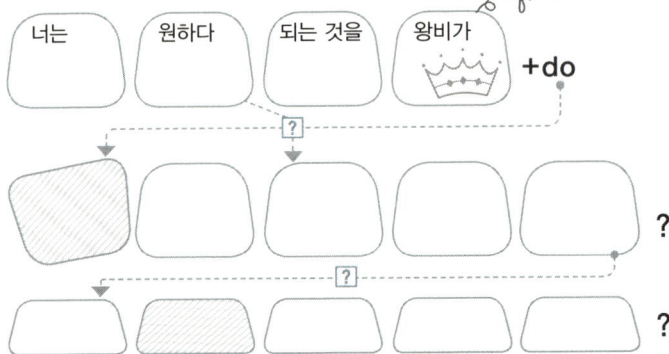

answer

17. Who does he look like?
18. Who do you think about?
19. Who do you want to be?
20. Who did you believe?
21. Who did you call?

20 년 누구를 믿었었어?

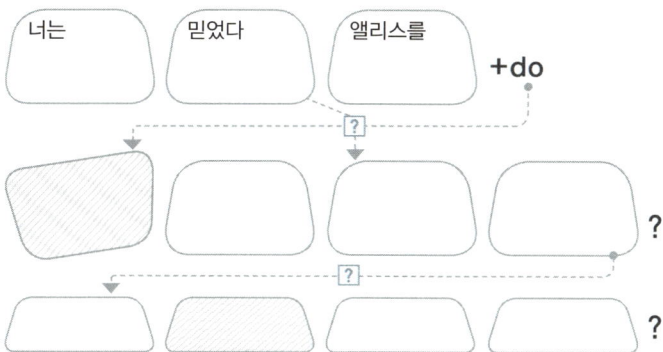

21 누구에게 전화했니?

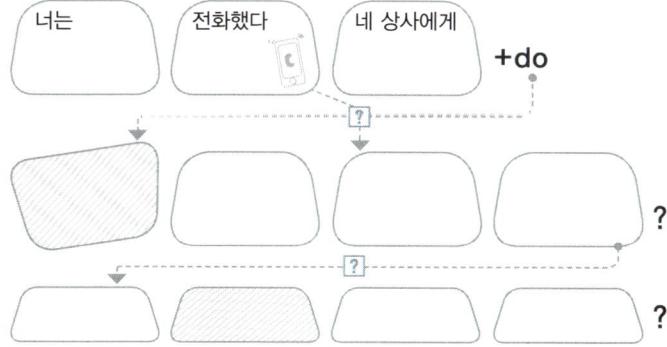

Unit 04 의문사 who

22. Who did you fight with?
23. Who did you talk with?

22 누구와 싸웠니?

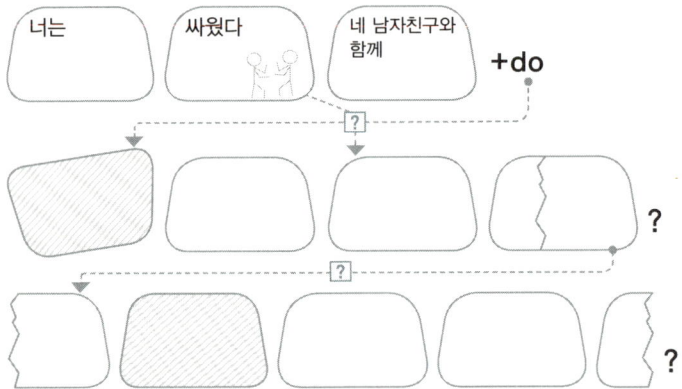

23 너 누구랑 이야기했었어?

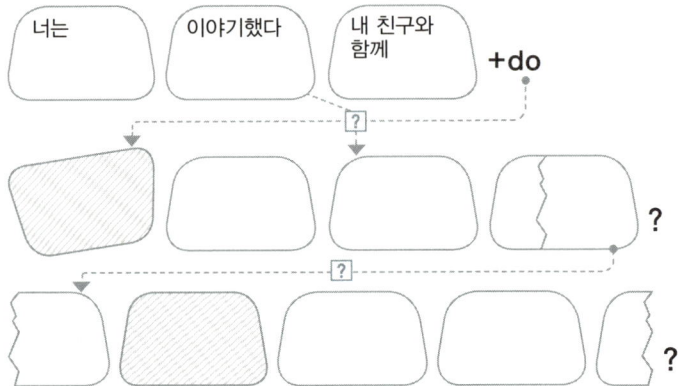

24. Who did you work for?
25. Who did she go for a walk with?

24 너는 누구를 위해 일했었어?

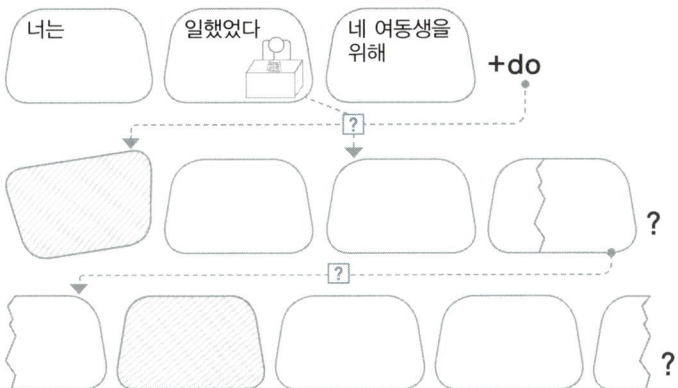

25 그녀는 누구와 함께 산책했었어?

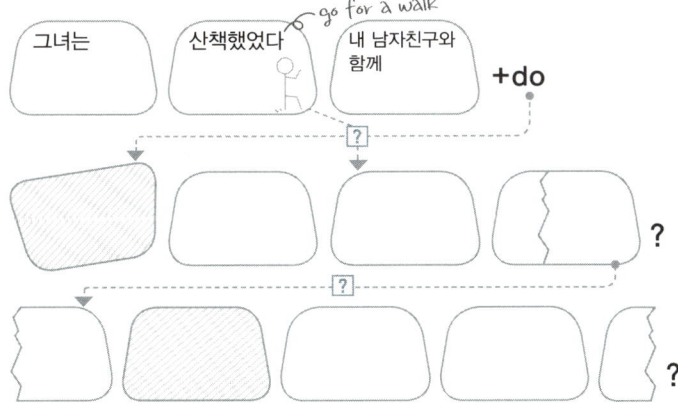

Unit 04 의문사 who

26. Who did he wait for?
27. Who did you love?
28. Who did you find?
29. Who did she refuse?
30. Who did he spend the night with?

26 그는 누구를 기다렸었어?

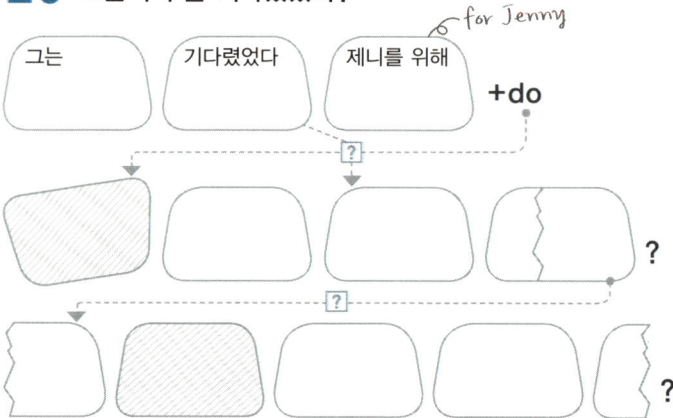

27 넌 누구를 사랑했었어?

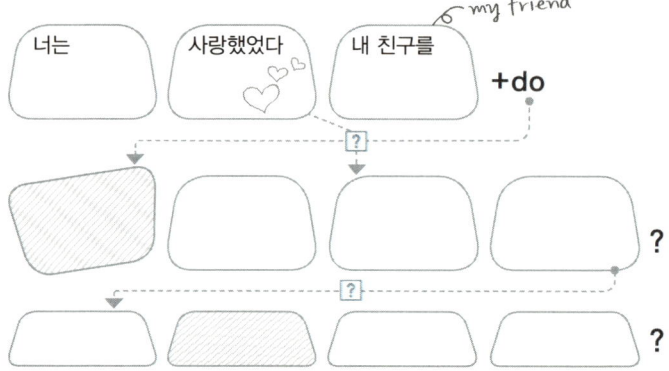

28 너는 누구를 찾았었니?

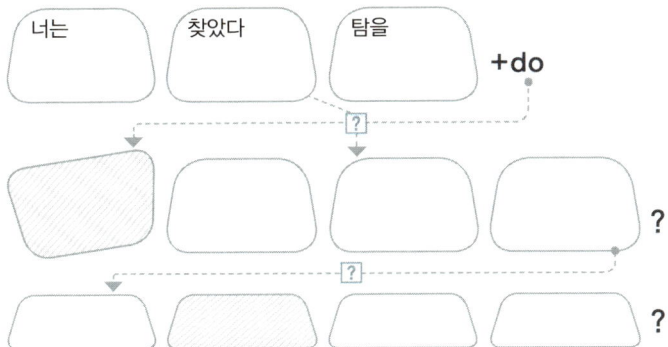

29 그녀가 거부한 게 누구니?

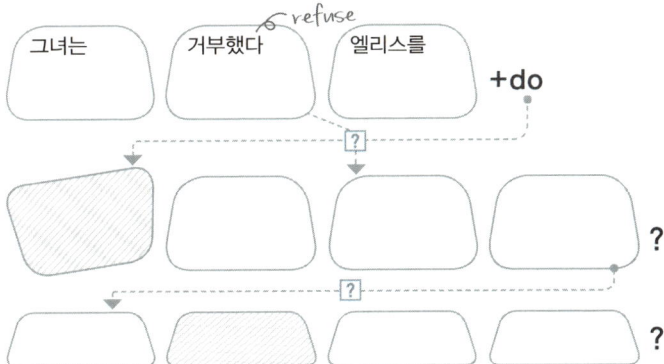

30 그는 누구와 함께 밤을 보냈니?

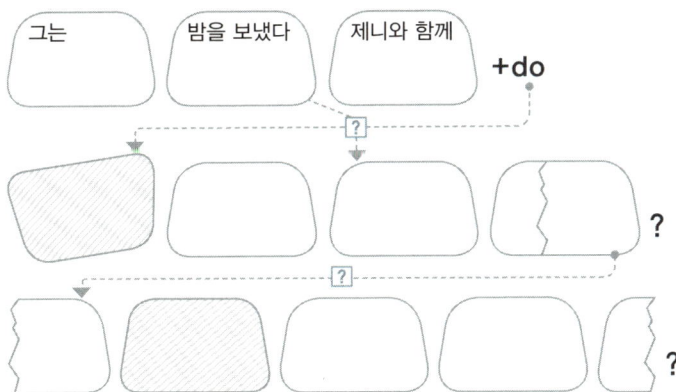

Unit 04 의문사 who

31. Who will marry me?
32. Who can handle it?
33. Who will help me?
34. Who can carry this bag?

Sample 누가 그 게임에서 이길까?

31 누가 나와 결혼을 할까?

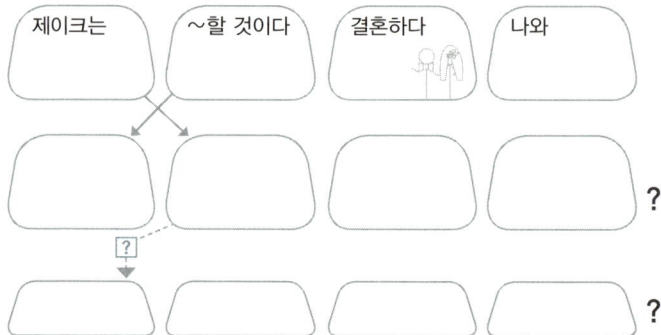

32 누가 이것을 다룰 수 있을까?

그녀는 / ~할 수 있다 / 다루다 (handle) / 그것을

33 누가 나를 도와줄 거야?

너는 / ~할 것이다 / 도와주다 / 나를

34 누가 이 가방을 옮길 수 있지?

나는 / ~할 수 있다 / 옮기다 (carry) / 이 가방을

Unit 04 의문사 who

35 누가 나를 가르칠까?

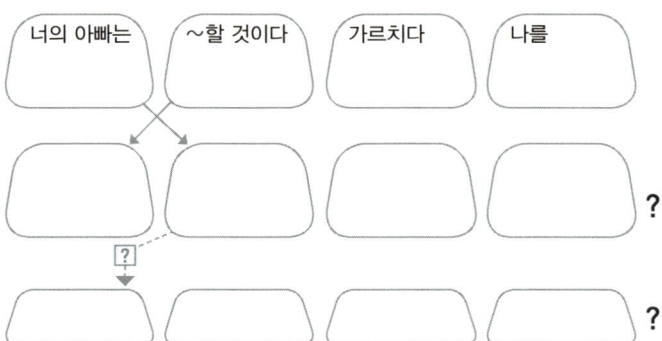

36 누가 이 문제를 해결할 수 있지?

37 누가 나에게 차를 빌려줄 수 있지?

35. Who will teach me?
36. Who can solve this problem?
37. Who can borrow me a car?
38. Who should I ask about it?
39. Who can drive a car?

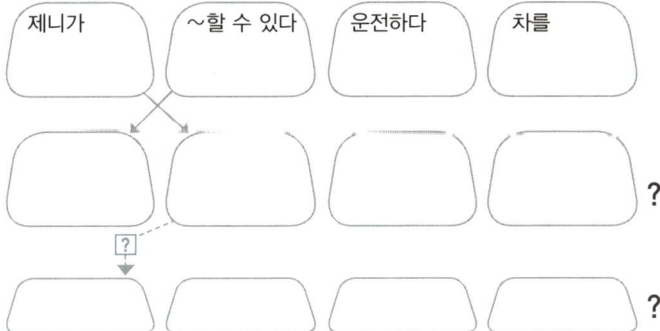

4단계

Unit 04 의문사 who

입으로 말하다

40 너는 누구를 위해 일하는 중이니? [너는] [일하고 있다] +who ?

41 너는 누구를 만나는 중이니? [너는] [만나고 있다] +who ?

42 너는 누구를 인터뷰하고 있는 중이니? [너는] [인터뷰하다 / interview] +who ?

43 너는 누구에게 편지를 쓰는 중이니? [너는] [쓰다] [그 편지를] +who ?

44 그녀가 싫어하는 게 누구니? [그녀는] [싫어하다 / dislike] +who ?

45 그는 누구와 함께 사니? [그는] [살다] [~와 함께] +who ?

46 너는 누구를 원하니? [너는] [원하다] +who ?

47 그는 누구와 닮았니? [그는] [~처럼 보인다 / look like] +who ?

48 그는 누구를 보호했니? [그는] [보호했다 / protect] +who ?

100

다섯번 입으로 말하기

49 누구와 함께 갔니? 그녀는 | 갔다 | ~와 함께 | +who ?

50 누구 말하는 거니? 너는 | 말했다 | +who ?

51 누구한테서 들었어? 너는 | 들었다 (hear from) | +who ?

52 나와 함께 쇼핑 갈 사람? ~할 것이다 | 가다 | 쇼핑을 | 나와 함께 | +who ?

53 나는 누구를 선택해야 하지? ~해야 한다 | 나는 | 선택하다 (choose) | +who ?

54 누가 너의 남자친구였니? ~이었다 | 너의 남자친구 | +who ?

55 누가 꽃병을 깼니? 깼다 | 꽃병을 | +who ?

56 누가 그 경기를 이겼니? 이겼다 (win) | 그 경기를 | +who ?

57 누가 자전거를 고칠 수 있니? ~할 수 있다 | 고치다 (fix) | 자전거를 | +who ?

answer

40. 너는 누구를 위해 일하는 중이니? 　Who are you working for?

41. 너는 누구를 만나는 중이니? 　Who are you meeting?

42. 너는 누구를 인터뷰하고 있는 중이니? 　Who are you interviewing?

43. 너는 누구에게 편지를 쓰는 중이니? 　Who are you writing that letter?

44. 그녀가 싫어하는 게 누구니? 　Who does she dislike?

45. 그는 누구와 함께 사니? 　Who does he live with?

46. 너는 누구를 원하니? 　Who do you want?

47. 그는 누구와 닮았니? 　Who does he look like?

48. 그는 누구를 보호했니? 　Who did he protect?

49. 누구와 함께 갔니? 　Who did she go with?

50. 누구 말하는 거니? 　Who did you say?

51. 누구한테서 들었어? 　Who did you hear from?

52. 나와 함께 쇼핑 갈 사람? 　Who will go shopping with me?

53. 나는 누구를 선택해야 하지? 　Who should I choose?

54. 누가 너의 남자친구였니? 　Who was your boyfriend?

55. 누가 꽃병을 깼니? 　Who broke the vase?

56. 누가 그 경기를 이겼니? 　Who won the game?

57. 누가 자전거를 고칠 수 있니? 　Who can fix a bike?

Unit 05
의문사 what

1단계

Unit 05 의문사 what

목표를 세우다

What do you like?
너는 무엇을 좋아하니?

너는 무엇을

좋아하니?

원하니?

생각하니?

가지고 있니?

필요로 하니?

다섯번 입으로 말하기 ✓ ☆ ☆ ☆ ☆

테이블 위에 의문의 상자가 하나 놓여 있습니다. 어떤 상자일까요. 그처럼 대상이 어떤 '사물'일 때, 그에 관해서 물어볼 때는 의문사 'what'을 사용합니다. 'who'가 '누구'를 대신하는 의문사라면, 'what'은 '무엇'을 대신하는 의문사인 것이지요. 친구의 생일 선물로 무엇을 주어야 할지 잘 모르겠다면, 'what'을 사용해 물어볼 수 있겠군요. '넌 무엇을 가장 좋아해?'라고요.

What do you

like?
want?
think?
have?
need?

2단계

Unit 05 의문사 what

원리를 이해하다

what은 사물을 대신하는 의문사입니다.
의문사는 어떤 단어나 표현을 지우고
그 자리에 대신 사용됩니다.

Is this an apple?

Is this what?

그런데 의문사는 한 가지 더 특징이 있습니다.
문장(혹은 절)의 앞으로 이동해야 한다는 것입니다.

이것은 뭐니?

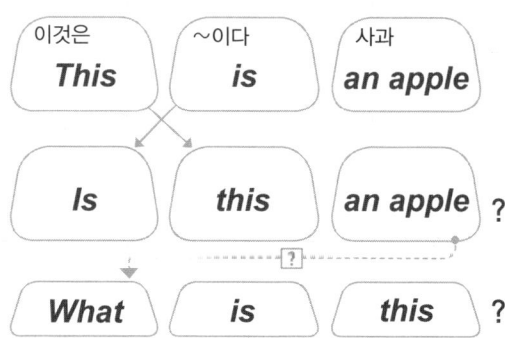

손으로 쓰다

Unit 05 의문사 what

01. What is that car?
02. What is this box?
03. What is today's menu?
04. What was your dream?

Sample 그게 뭐야?

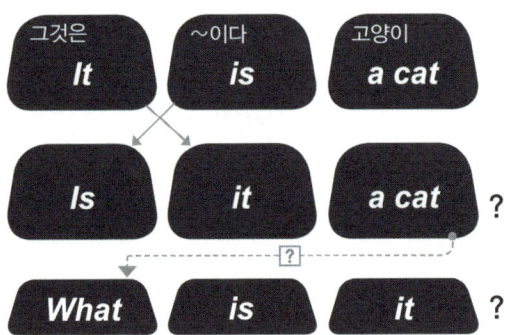

1 저 차는 뭐야?

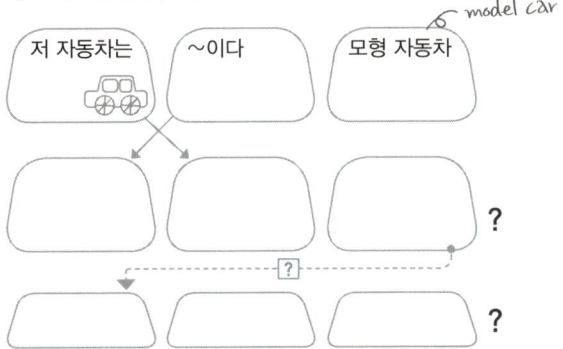

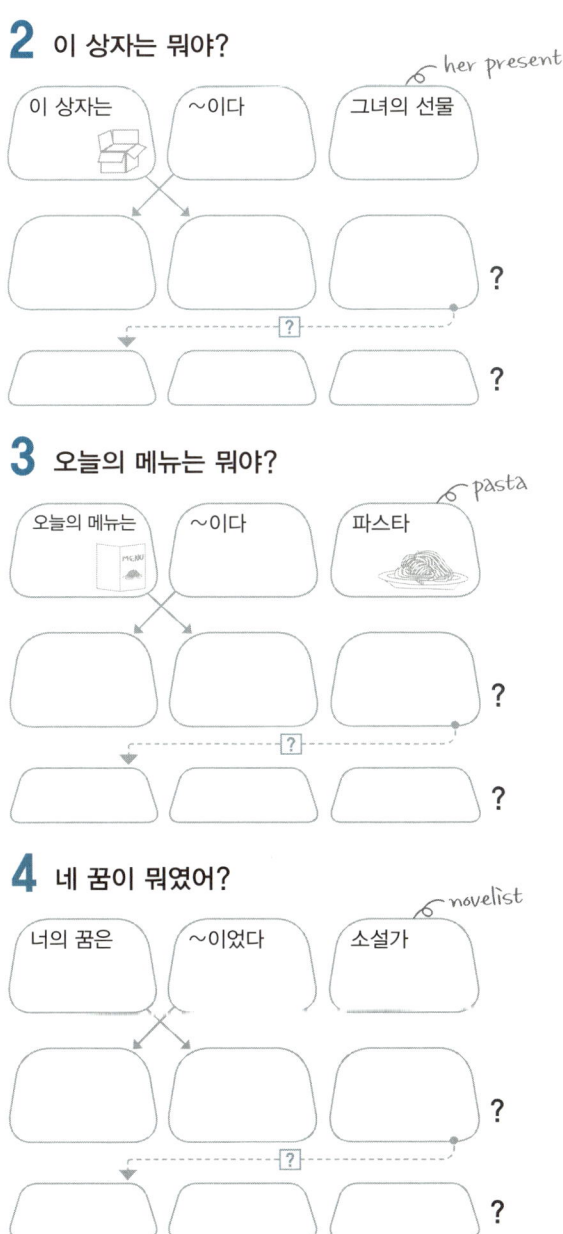

Unit 05 의문사 what

5 문제가 뭐였어?

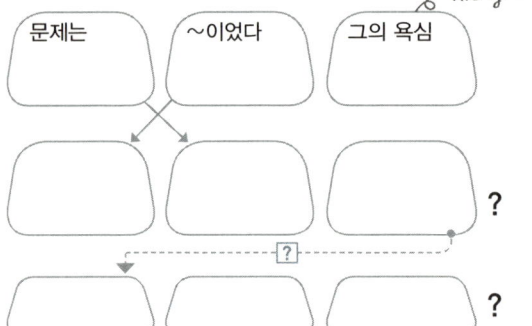

6 그의 제안이 뭐였어?

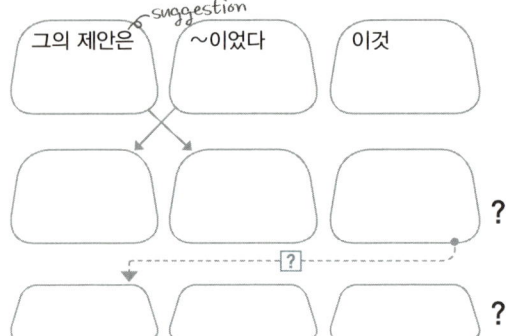

7 네 아이디어는 뭐였어?

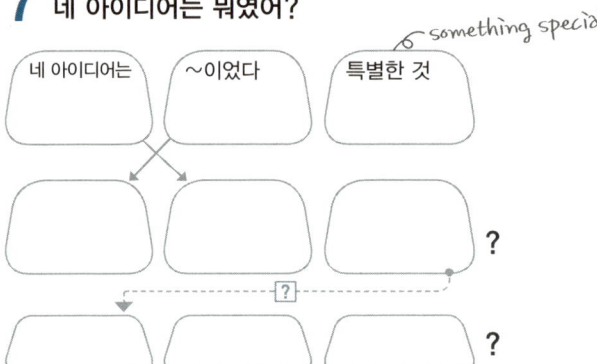

answer

05. What was the problem?
06. What was his suggestion?
07. What was your idea?

8 저 소리는 뭐였어?

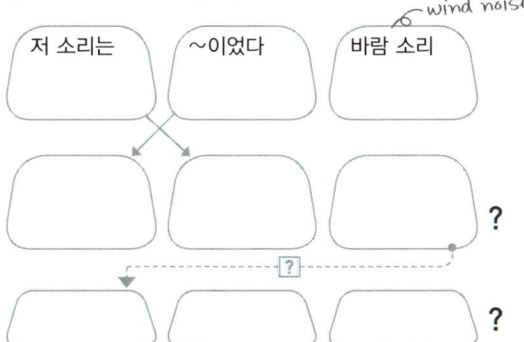

9 이유는 뭐였어?

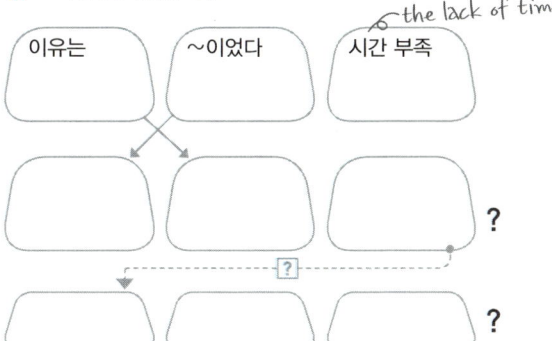

10 미팅의 주제는 뭐였어?

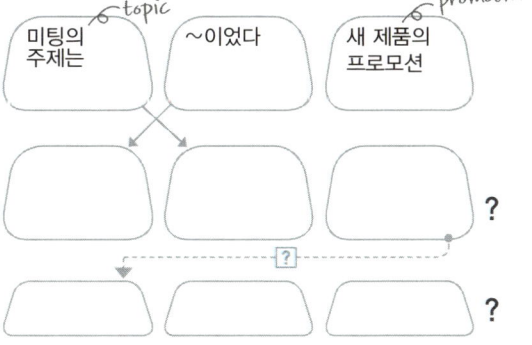

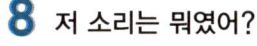

08. What was that sound?
09. What was the reason?
10. What was the topic of the meeting?

Unit 05 의문사 what

11. What is she talking about?
12. What is he eating?
13. What is he working for?
14. What is he planning?

Sample 그들이 뭘 보고 있는 거야?

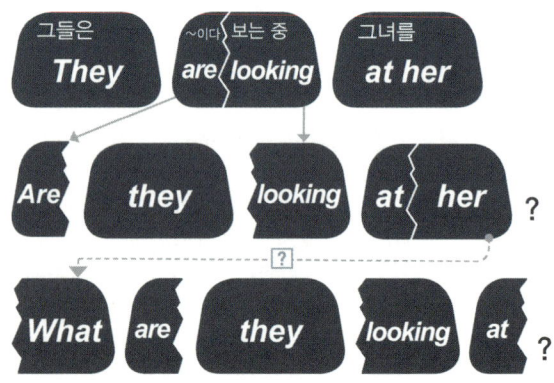

11 그녀는 무슨 얘기를 하고 있는 거야?

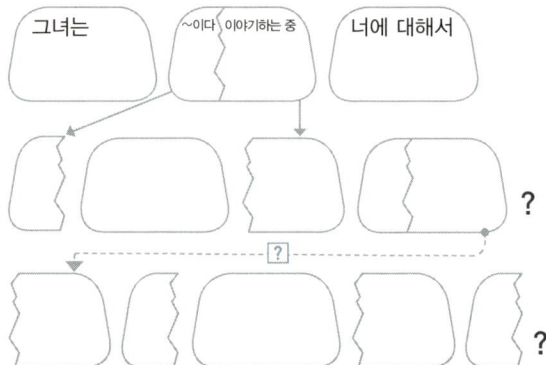

12 그가 뭘 먹고 있는 거야?

13 그는 무엇을 위해서 일하고 있어?

14 그가 계획하고 있는 것이 뭐야?

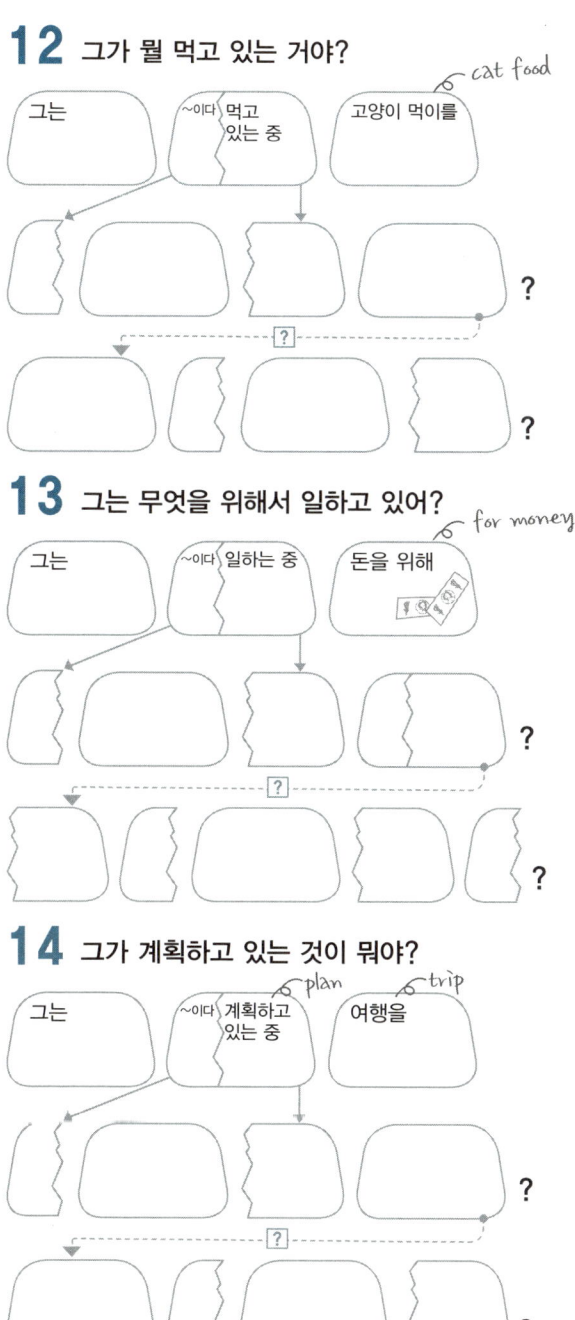

Unit 05 의문사 what

Sample 그녀가 원하는 게 뭐니?

answer

15. What do you need?
16. What does she know?
17. What does it mean?
18. What does he have?

15 너는 무엇이 필요하니?

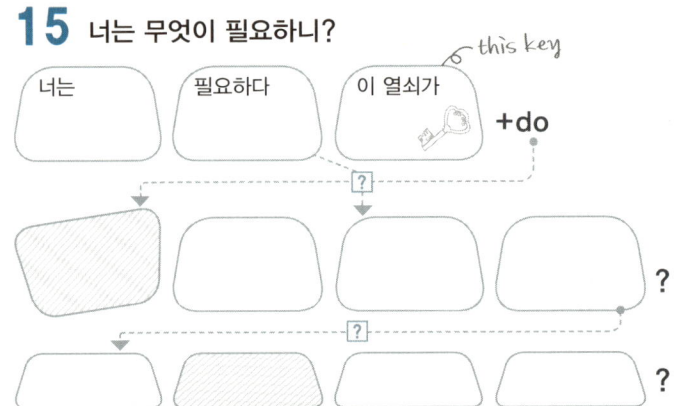

16 그녀가 아는 게 뭐니?

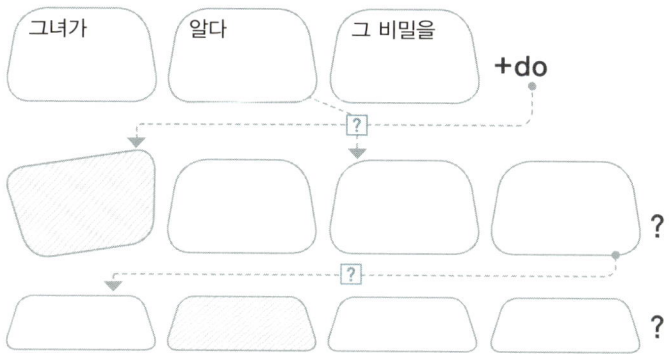

17 그게 무슨 뜻이야?

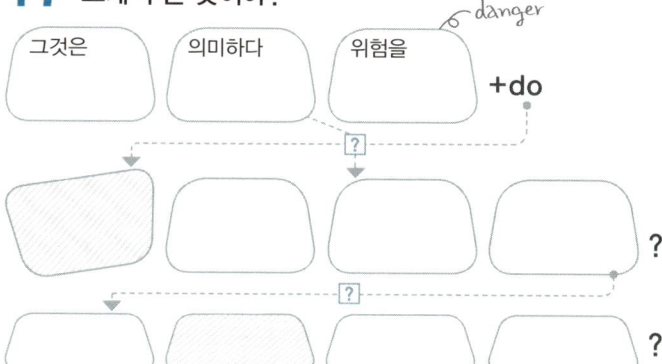

18 그는 무엇을 가지고 있니?

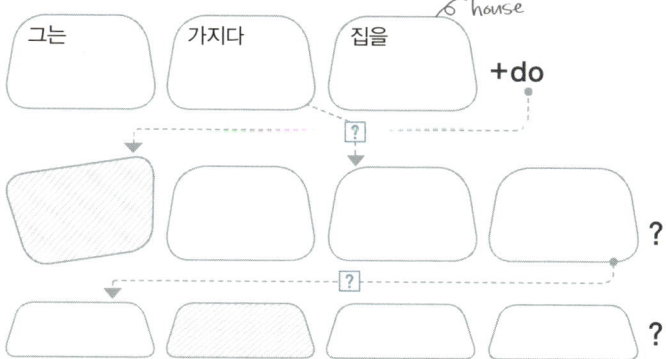

Unit 05 의문사 what

19. What does she write about?
20. What do you dislike?
21. What do you need to prepare?
22. What did he expect?
23. What did she eat?

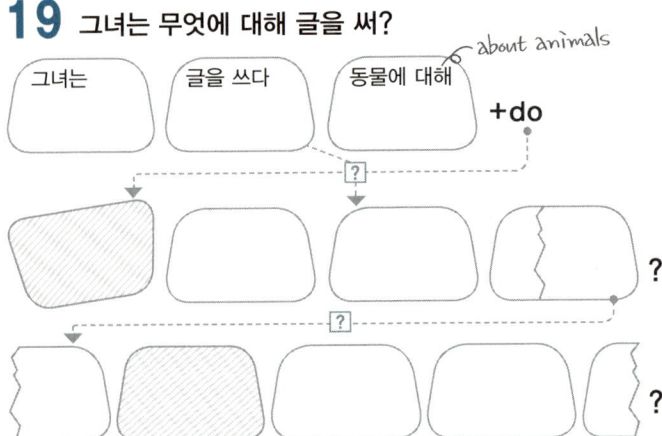

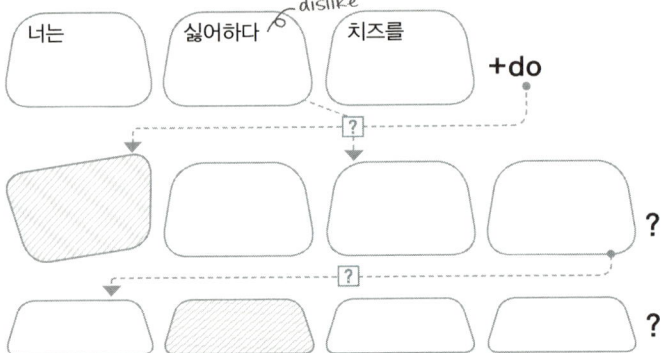

21 네가 준비해야 하는 게 뭐니?

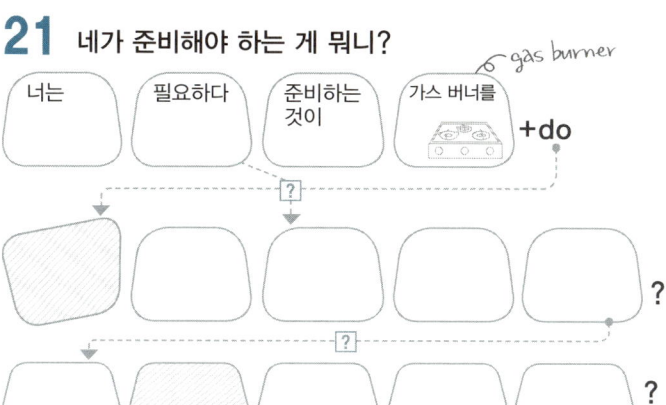

22 그가 무엇을 기대했었는데?

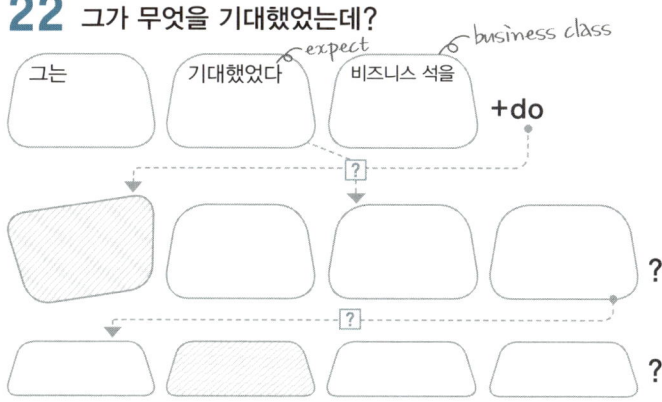

23 그녀가 뭘 먹었는데?

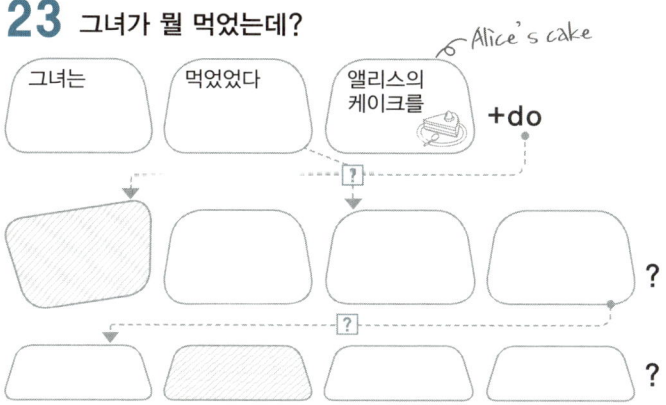

Unit 05 의문사 what

24 그가 훔친 게 뭐니?

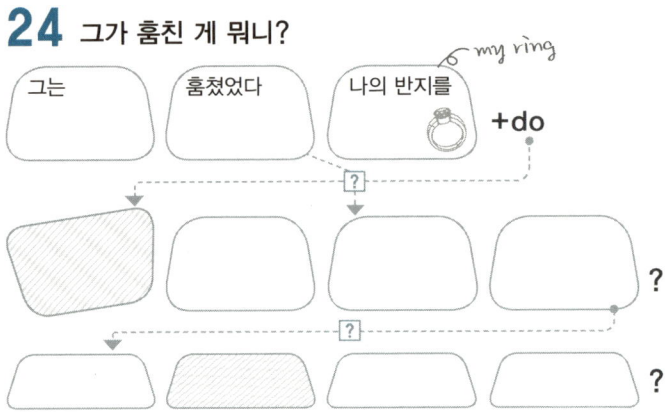

25 그가 너에게 무엇을 제공했었니?

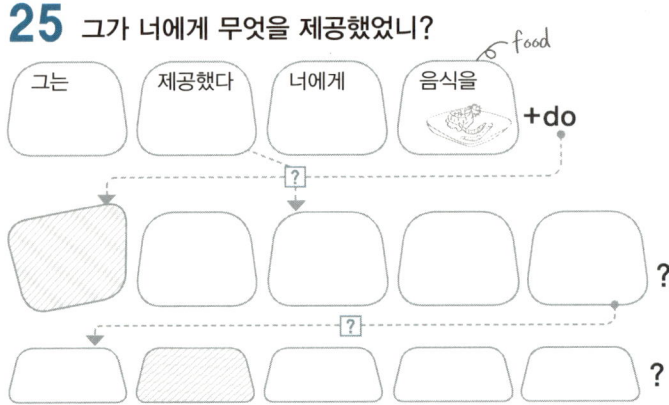

26 넌 무엇을 샀었어?

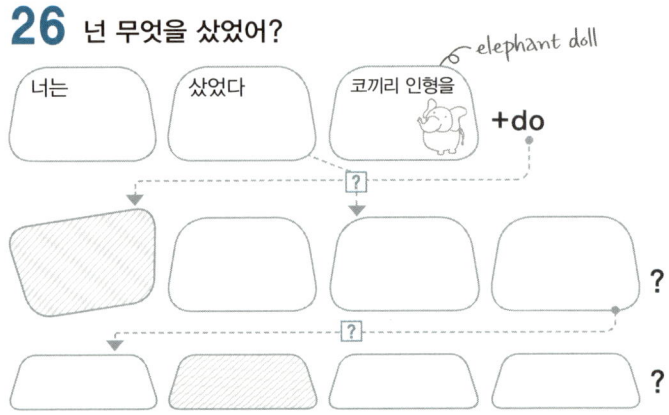

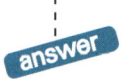

24. What did he steal?
25. What did he offer you?
26. What did you buy?
27. What did she bring?
28. What did they want?

27 그녀가 무엇을 가져왔었어?

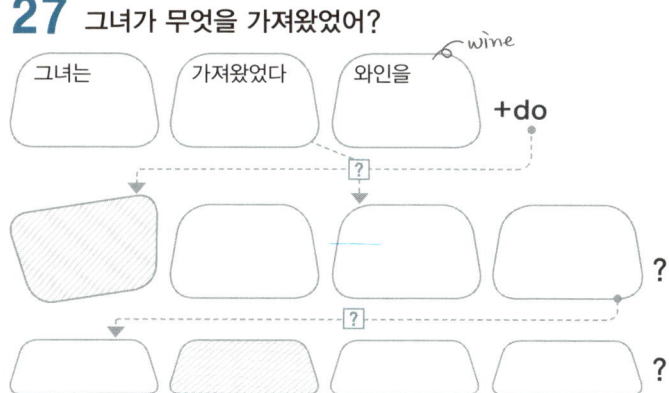

28 그들이 무엇을 원했었어?

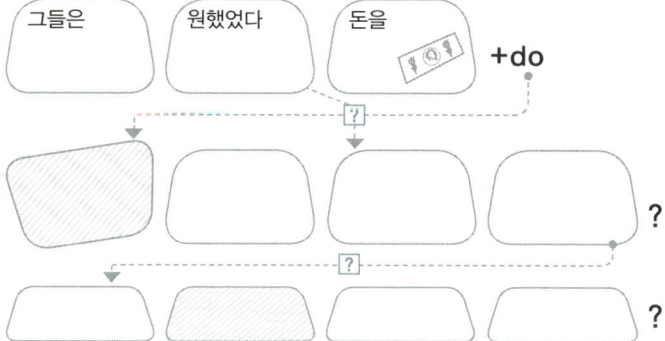

Unit 05 의문사 what

Sample 그가 무엇을 가져올까?

29. What will we eat?
30. What should we study?
31. What should I give you?
32. What will you do with it?

29 우리는 무엇을 먹을까?

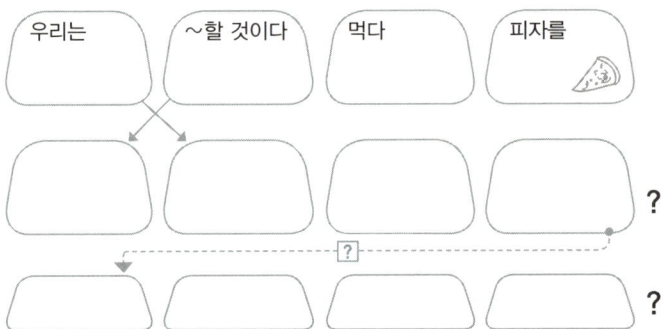

30 우리는 무엇을 공부해야 할까?

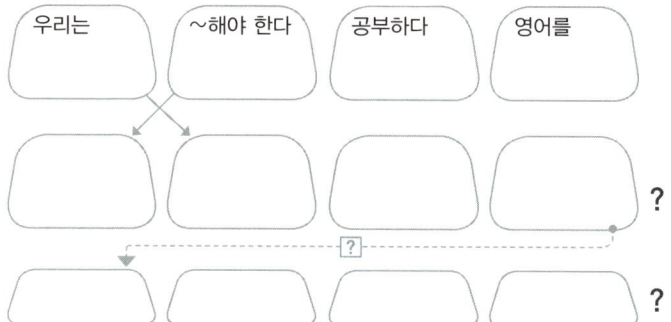

31 내가 너에게 무엇을 주어야 할까?

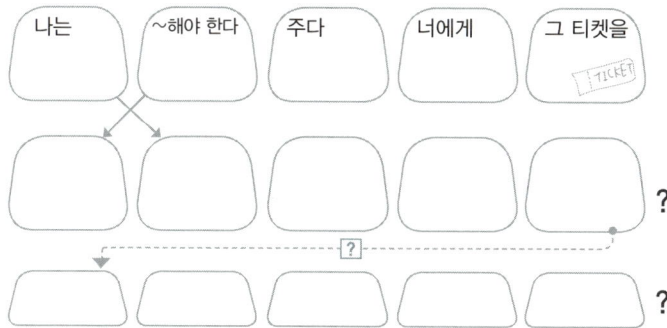

32 너는 그것으로 무엇을 할거야?

Unit 05 의문사 what

Sample 우리는 몇 시에 만나야 할까?

answer

33. What day will we have a meeting?
34. What time can I visit you?
35. What day can you finish the assignment?
36. What sport can he play?

33 우리 무슨 요일에 회의를 할까?

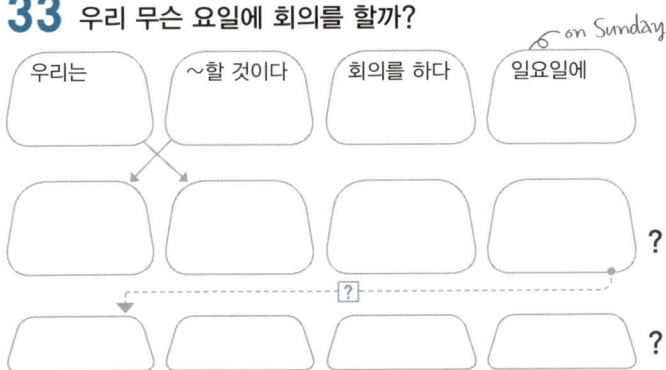

34 몇 시에 내가 너를 방문할 수 있니?

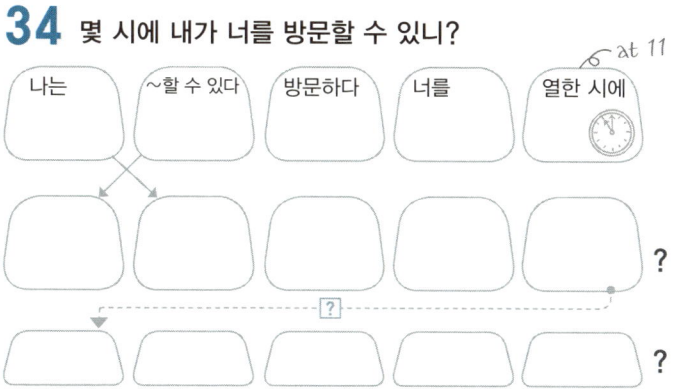

35 너는 무슨 요일에 그 일을 다 끝낼 수 있니?

36 그는 무슨 스포츠를 할 수 있니?

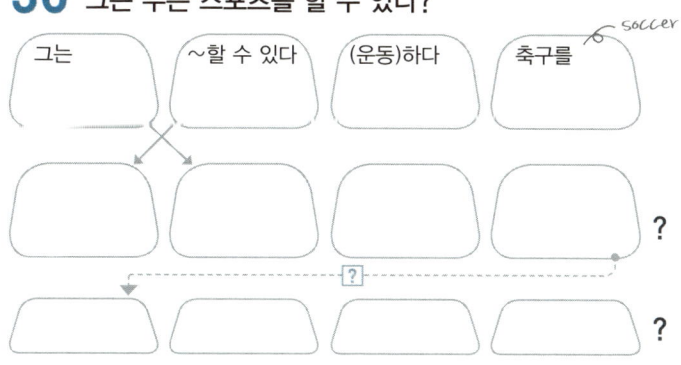

4단계

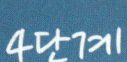

Unit 05 의문사 what

입으로 말하다

37 너는 몇시에 점심을 먹니? [너는] [점심을 먹다 ~have lunch] +what time?

38 너는 무엇을 샀었니? [너는] [샀다] +what?

39 그가 한 제안이 뭐였어? [그가] [제안했다 ~suggest] +what?

40 그녀는 뭘 찾고 있는 거야? [그녀는] [찾고 있는 중이다 ~look for] +what?

41 그가 너에게 준 게 뭐니? [그는] [주었다] [너에게] +what?

42 그는 무엇을 파니? [그는] [팔다] +what?

43 너는 무슨 요리를 할 수 있니? [~할 수 있다] [너는] [요리하다] +what food?

44 그녀는 어떻게 생겼어? [그녀는] [~처럼 생기다 ~look like] +what?

45 너는 그를 뭐라고 부르니? [너는] [부르다] [그를] +what?

다섯번 입으로 말하기 ✓ ☆ ☆ ☆ ☆

46 너는 어떤 사이즈를 입니? (너는)(입다) +what size ?

47 그의 생일이 무슨 요일이지? (~이다)(그의 생일은) +what day ?

48 나한테 뭘 말할 거야? (~할 것이다)(너는)(말하다)(나에게) +what ?

49 내가 뭐라고 말해야 할까? (~해야 한다)(나는)(말하다) +what ?

50 우리는 무엇을 사야 할까? (~해야 한다)(우리는)(사다) +what ?

51 내가 너에게 어떤 말을 할 수 있을까? (~할 수 있다)(나는)(말하다)(너에게) +what ?

52 내가 무엇을 입어야 할까? (~해야 한다)(나는)(입다) +what ?

53 내가 무엇을 해야 할까? (~해야 한다)(나는)(하다) +what ?

54 그에게 무슨 일이 생겼니? (일어났다 ~happen)(그에게) +what ?

answer

37. 너는 몇시에 점심을 먹니? — What time do you have lunch?

38. 너는 무엇을 샀었니? — What did you buy?

39. 그가 한 제안이 뭐였어? — What did he suggest?

40. 그녀는 뭘 찾고 있는 거야? — What is she looking for?

41. 그가 너에게 준 게 뭐니? — What did he give you?

42. 그는 무엇을 파니? — What does he sell?

43. 너는 무슨 요리를 할 수 있니? — What food can you cook?

44. 그녀는 어떻게 생겼어? — What does she look like?

45. 너는 그를 뭐라고 부르니? — What do you call him?

46. 너는 어떤 사이즈를 입니? — What size do you wear?

47. 그의 생일이 무슨 요일이지? — What day is his birthday?

48. 나한테 뭐 말할 거야? — What will you tell me?

49. 내가 뭐라고 말해야 할까? — What should I say?

50. 우리는 무엇을 사야 할까? — What should we buy?

51. 내가 너에게 어떤 말을 할 수 있을까? — What can I tell you?

52. 내가 무엇을 입어야 할까? — What should I wear?

53. 내가 무엇을 해야 할까? — What should I do?

54. 그에게 무슨 일이 생겼니? — What happened to him?

Unit 06
의문사 which

1단계

Unit 06 의문사 which

목표를 세우다

Which one is your cup?

어느 것이 너의 컵이니?

어느 것이	너의 컵이니?
	내 것이니?
	더 좋니?
	더 싸니?
	더 빠르니?

다섯번 입으로 말하기 ✓ ☆ ☆ ☆ ☆

의문사 'which'는 'what'과 마찬가지로 어떤 사물에 관해서 물어볼 때 사용하는 의문사입니다. 하지만 차이가 있습니다. 'what'은 '무엇이냐?'를 물어보는 의문사지만, 'which'는 '어떤 것이냐?'를 물어보는 데 쓰이는 의문사입니다. 가령, 테이블 뒤에 놓인 두 개의 컵을 가리키며 '저게 뭐야?'라고 물을 때는 'what'이 쓰입니다. 하지만 '어떤 것이 네 것이야?'라고 물을 때는 'which'를 사용해야 하지요.

Which one is　　your cup?
　　　　　　　　　mine?
　　　　　　　　　better?
　　　　　　　　　cheaper?
　　　　　　　　　faster?

2단계

Unit 06 의문사 which

원리를 이해하다

which

which는 여러개의 사물 중에서 하나를 고를 때 사용하는 의문사입니다.
의문사는 어떤 단어나 표현을 지우고 그 자리에 대신 사용됩니다.

Do you want this apple?

Do you want which?

그런데 의문사는 한 가지 더 특징이 있습니다.
문장(혹은 절)의 앞으로 이동해야 한다는 것입니다.

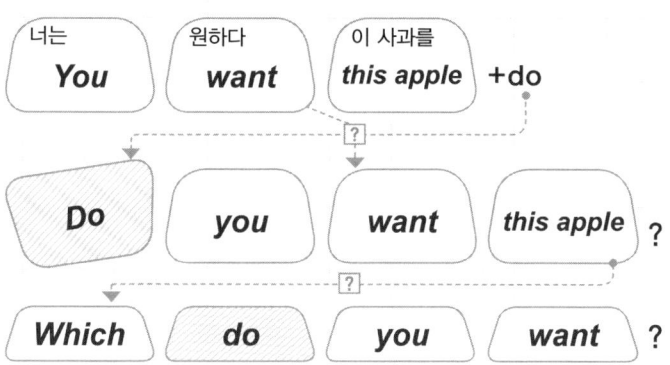

Unit 06 의문사 which

손으로 쓰다

01. Which is your room?
02. Which is the shortcut?
03. Which is the tallest building in this town?
04. Which was more interesting?

Sample 가장 좋은 방법이 무엇일까?

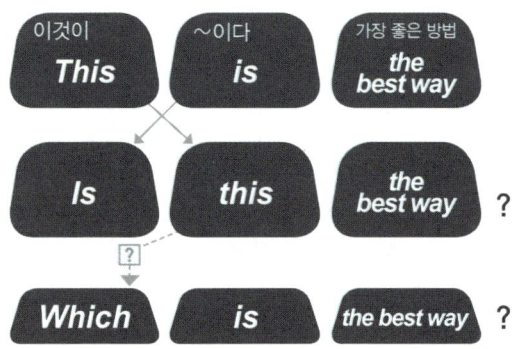

1 어떤 게 너의 방이니?

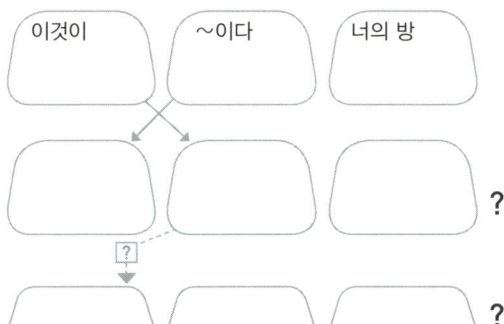

2 어떤 길이 지름길이니?

3 이 마을에서 가장 높은 빌딩이 어떤 거니?

4 어떤 게 더 재미있었어?

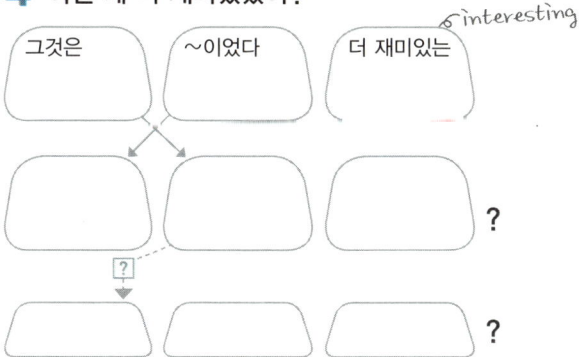

Unit 06 의문사 which

5 어떤 게 꿈이었던 거지?

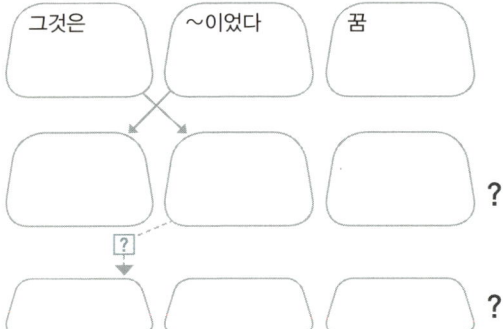

6 어떤 게 너의 차였어?

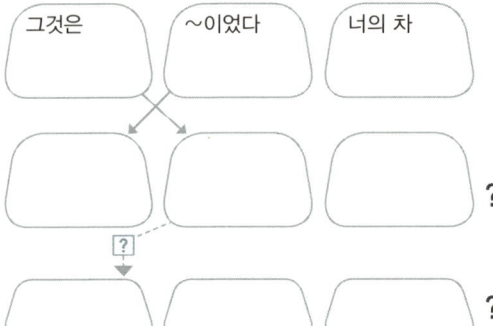

7 어떤 게 그의 휴대폰이었어?

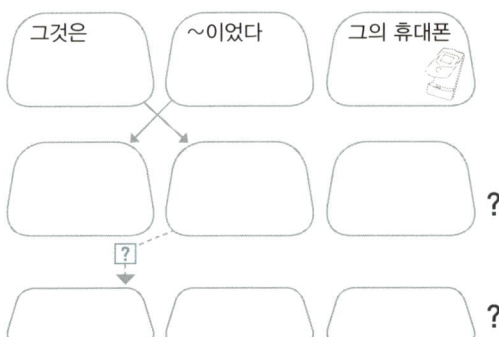

answer

05. Which was the dream?
06. Which was your car?
07. Which was his cellphone?

8 어떤 게 그녀의 가방이었니?

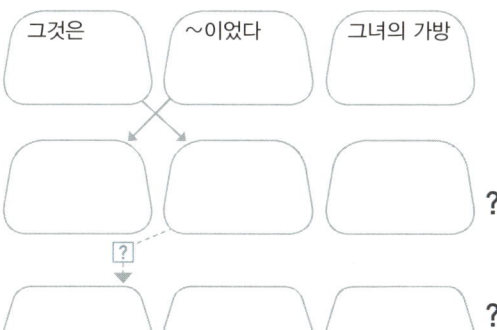

08. Which was her bag?
09. Which was the truth?
10. Which was more important?

9 어떤 게 진실이었니?

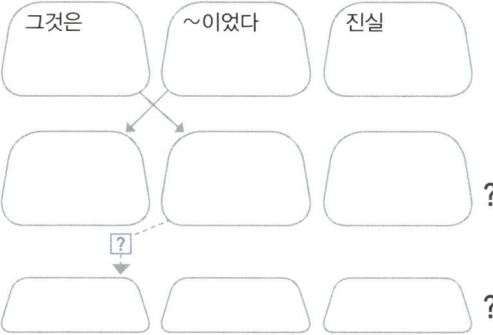

10 어떤 게 더 중요했니?

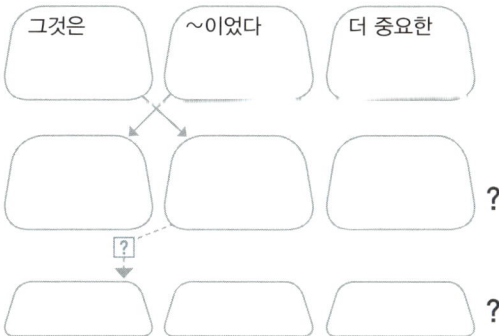

Unit 06 의문사 which

Sample 어떤 고양이가 울고 있어?

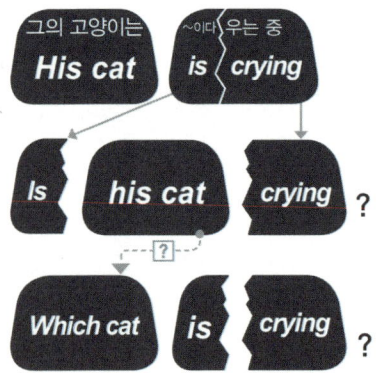

11. Which box is moving?
12. Which radio is making a sound?
13. Which machine is working well?

11 어떤 상자가 움직이고 있어?

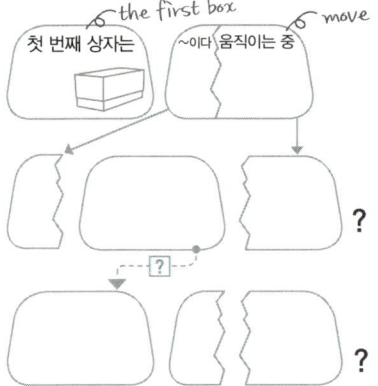

12 어떤 라디오가 소리를 내고 있어?

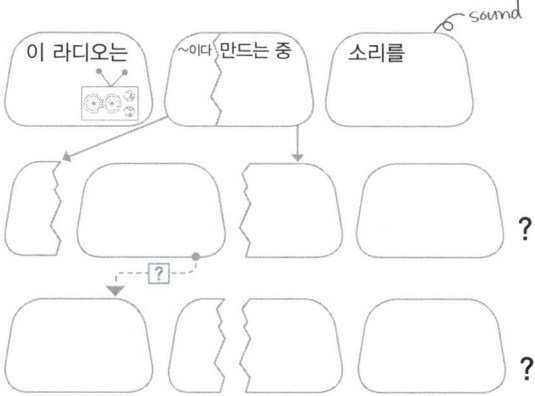

13 어떤 기계가 잘 작동하고 있어?

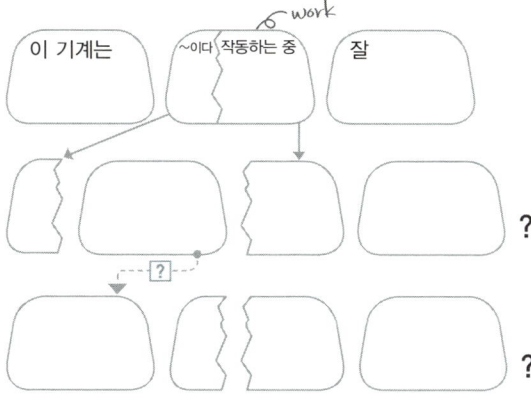

Unit 06 의문사 which

Sample 그는 어떤 회사를 위해 일을 하니?

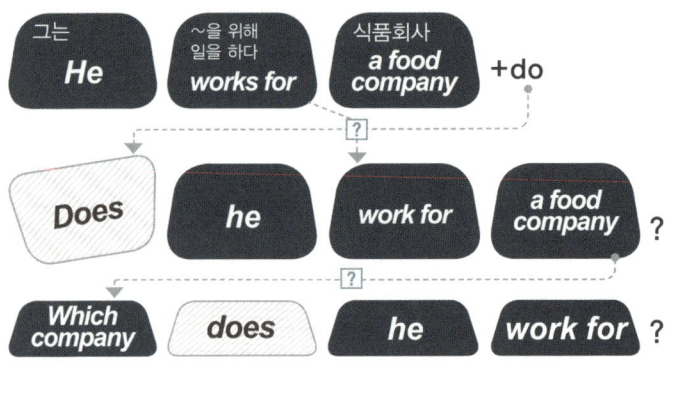

answer

14. Which box do you want?
15. Which one does she like?
16. Which one do you have in mind?
17. Which book did you read?

14 너는 어떤 상자를 원하니?

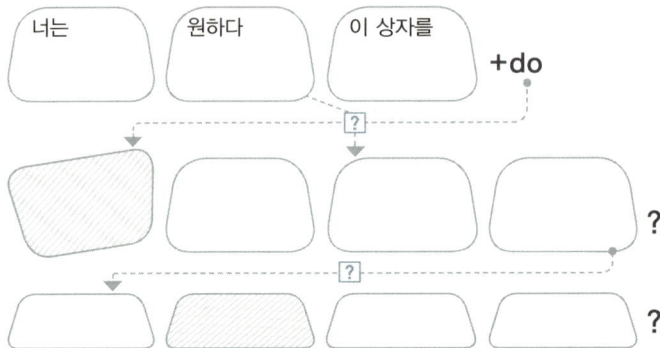

15 그녀는 어떤 사람을 좋아하니?

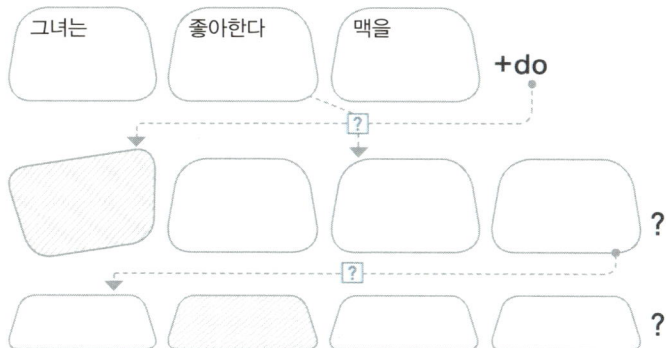

16 넌 어떤 사람을 마음에 두고 있어?

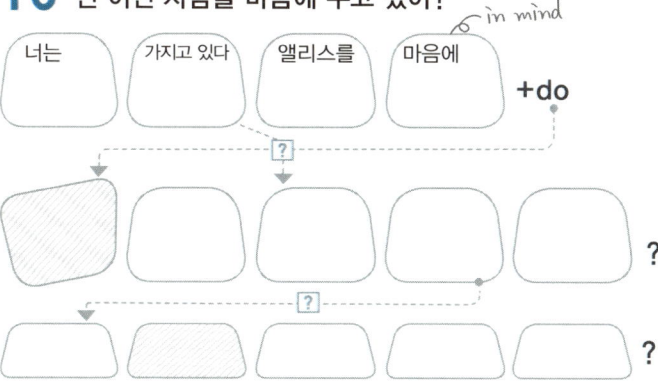

17 너는 어떤 책을 읽었니?

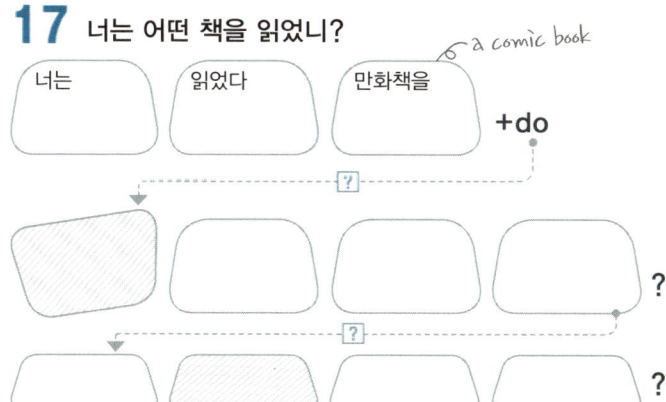

Unit 06 의문사 which

answer

18. Which club did you join?
19. Which one did you vote for?
20. Which computer did you buy?
21. Which shirt do you want to buy?
22. Which processor did you apply for?

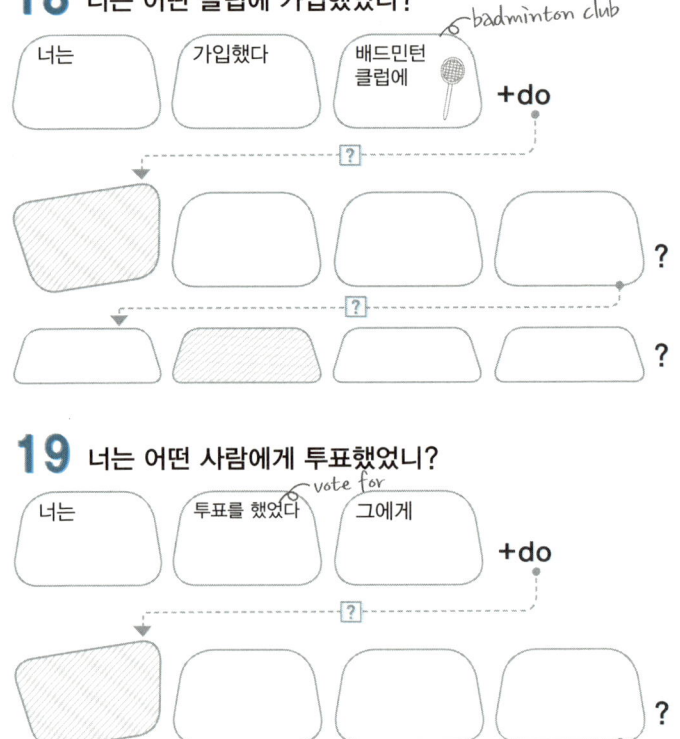

18 너는 어떤 클럽에 가입했었니?

너는 / 가입했다 / 배드민턴 클럽에 — badminton club +do

19 너는 어떤 사람에게 투표했었니?

너는 / 투표를 했었다 — vote for / 그에게 +do

20 너는 어떤 컴퓨터를 샀니?

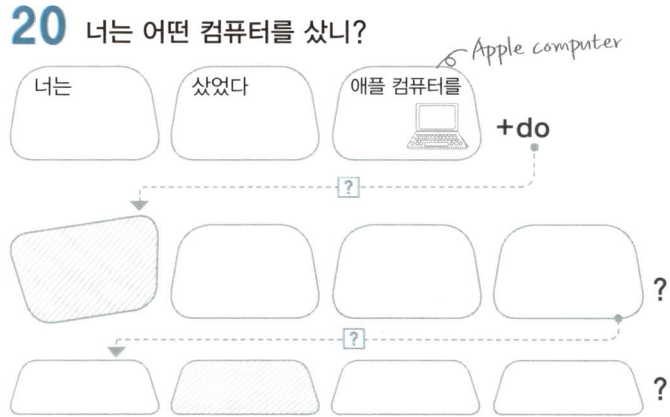

21 너는 어떤 셔츠를 사고 싶니?

22 너는 어떤 프로세서를 적용시켰었니?

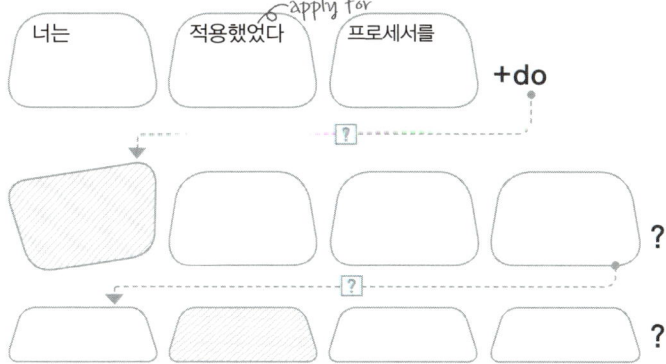

Unit 06 의문사 which

Sample 넌 어떤 학교에 지원할 거야?

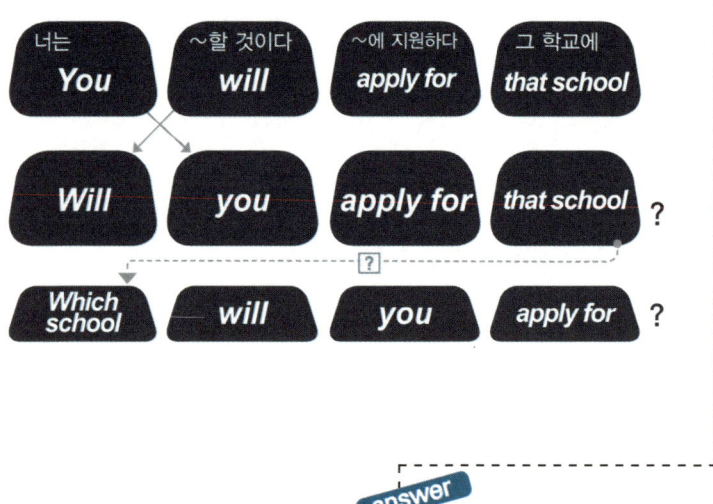

answer

23. Which house can you buy?
24. Which bag will you choose?
25. Which company can you work for?
26. Which room will you stay?

23 넌 어떤 집을 살 수 있어?

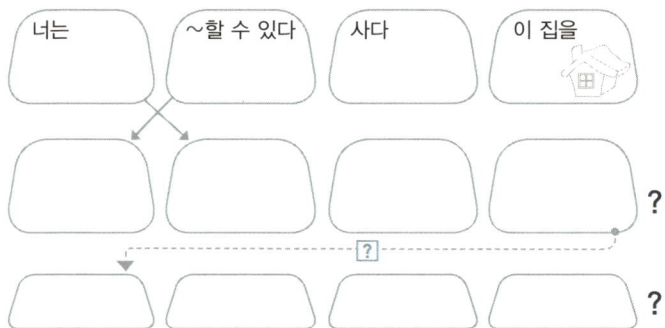

24 넌 어떤 가방을 선택할 거야?

25 넌 어떤 회사를 위해 일할 수 있어?

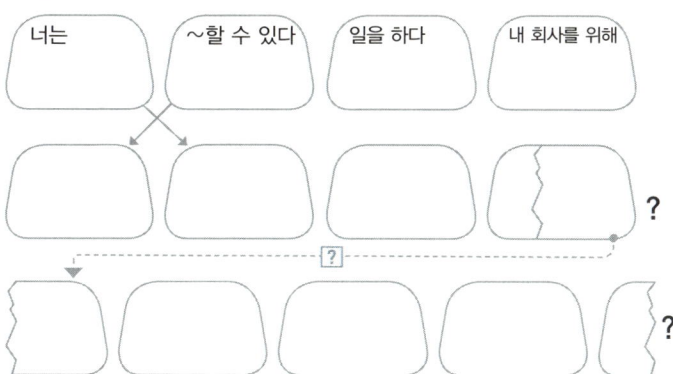

26 너는 어떤 방에 머물 거니?

4단계

Unit 06 의문사 which

입으로 말하다

27 너는 어떤 음악을 들었니?   [너는] [들었다] +which music ?

28 누가 맞니?   [~이다] [맞은 correct] +which one ?

29 너는 어떤 것을 추천하니?   [너는] [추천하다 recommend] +which one ?

30 너는 어떤 음식을 먹었니?   [너는] [먹었다] +which food ?

31 너는 어떤 음식을 먹고 싶니?   [너는] [원한다] [먹기를] +which dish ?

32 너는 어떤 영화를 보았니?   [너는] [보았다] +which movie ?

33 그곳에 가기 위한 가장 쉬운 방법이 어떤 걸까?   [~이다] [가장 쉬운 방법] [그곳에 가기 위한 to go there] +which ?

34 너는 어떤 방을 선택했니?   [너는] [선택했다] +which room ?

35 너는 어떤 나라를 여행하고 싶니?   [너는] [원한다] [여행하며 다니기를 travel around] +which country ?

144

다섯번 입으로 말하기 ☆☆☆☆☆

36 나는 어떤 방법을 선택해야 할까? [~해야 한다] [나는] [취하다] +which way ?

37 이 세상에서 가장 비싼 차가 어떤 차니? [~이다] [가장 비싼] [세상에서 ~ in the world] +which car ?

38 네가 가장 좋아하는 브랜드가 어떤 거니? [~이다] [네가 가장 좋아하는 브랜드 ~ favorite] +which ?

39 어떤 것이 더 좋니? [~이다] [더 좋은] +which one ?

40 어떤 책이 너의 것이니? [~이다] [너의 것] +which book ?

41 너는 어떤 색을 선호하니? [너는] [선호하다 ~ prefer] +which color ?

42 너는 어떤 팀을 응원하니? [너는] [응원하다 ~ support] +which team ?

43 너는 어떤 영화를 볼 거니? [~할 것이다] [너는] [보다] +which movie ?

44 어떤 버스가 시청으로 가나요? [가다] [시청으로 ~ to City Hall] +which bus ?

answer

27. 너는 어떤 음악을 들었니? 　A Which music did you listen to?

28. 누가 맞니? 　A Which one is correct?

29. 너는 어떤 것을 추천하니? 　A Which one do you recommend?

30. 너는 어떤 음식을 먹었니? 　A Which food did you eat?

31. 너는 어떤 음식을 먹고 싶니? 　A Which dish do you want to eat?

32. 너는 어떤 영화를 보았니? 　A Which movie did you watch?

33. 그곳에 가기 위한 가장 쉬운 방법이 어떤 걸까? 　A Which is the easiest way to go there?

34. 너는 어떤 방을 선택했니? 　A Which room did you choose?

35. 너는 어떤 나라를 여행하고 싶니? 　A Which country do you want to travel around?

36. 나는 어떤 방법을 선택해야 할까? 　A Which way should I take?

37. 이 세상에서 가장 비싼 차가 어떤 차니? 　A Which car is the most expensive in the world?

38. 네가 가장 좋아하는 브랜드가 어떤 거니? 　A Which is your favorite brand?

39. 어떤 것이 더 좋니? 　A Which one is better?

40. 어떤 책이 너의 것이니? 　A Which book is yours?

41. 너는 어떤 색을 선호하니? 　A Which color do you prefer?

42. 너는 어떤 팀을 응원하니? 　A Which team do you support?

43. 너는 어떤 영화를 볼 거니? 　A Which movie will you watch?

44. 어떤 버스가 시청으로 가나요? 　A Which bus goes to City Hall?

1단계

Unit 07 의문사 where

목표를 세우다

Where did you go?
너는 어디에 갔었니?

너는 어디에(서)	갔었니?
	그것을 배웠니?
	그를 찾았니?
	그것을 두었니?
	그것을 잃어버렸니?

다섯번 입으로 말하기

친구와 약속을 정하고 있습니다. 보통 두 가지를 정하면 되지요. '어디에서' 만날 것인지, '언제' 만날 것인지를요. 'where'는 '어디에서'에 해당하는 질문을 할 때, 어떤 '장소'에 관해서 물을 때 사용하는 의문사입니다.

Where did you go?
learn it?
find him?
put it?
lose it?

2단계

Unit 07 의문사 where

원리를 이해하다

where

where은 장소를 대신하는 의문사입니다.
의문사는 어떤 단어나 표현을 지우고 그 자리에 대신 사용됩니다.

Are you at home ?

Are you where ?

그런데 의문사는 한 가지 더 특징이 있습니다.
문장(혹은 절)의 앞으로 이동해야 한다는 것입니다.

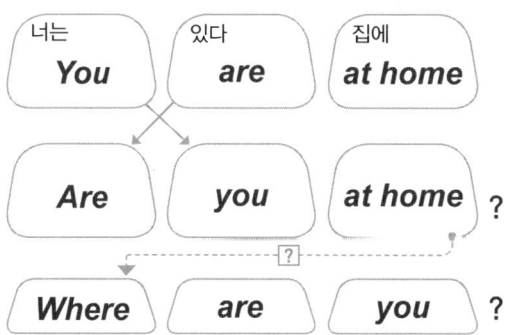

손으로 쓰다

Unit 07 의문사 where

01. Where are you?
02. Where are you from?
03. Where is his house?
04. Where was your boyfriend?

Sample 나의 서류가 어디 있지?

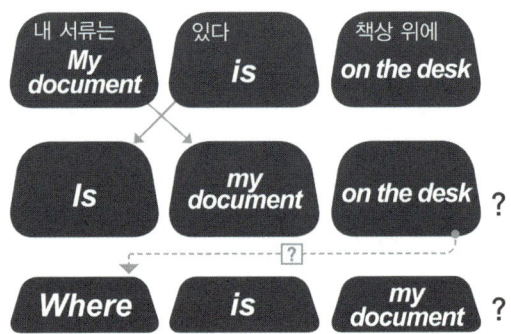

1 너는 어디에 있니?

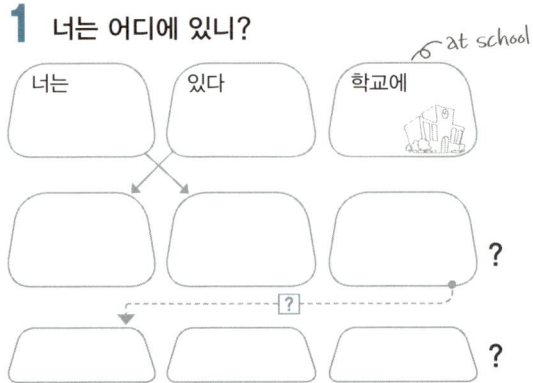

2 너는 어디서 왔니?

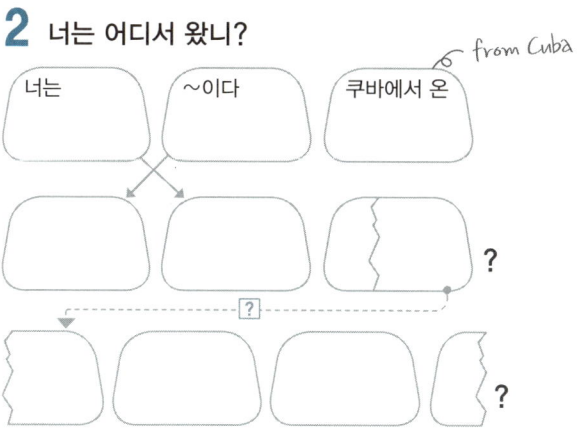

3 그의 집이 어디야?

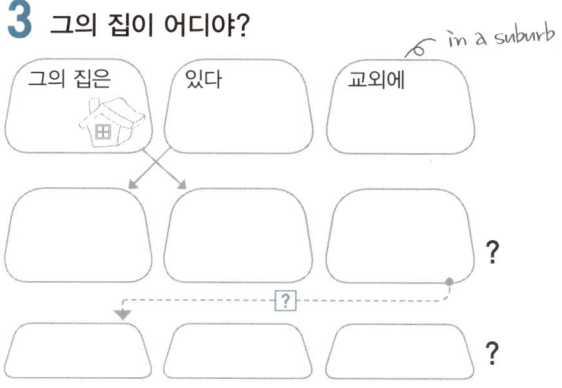

4 네 남자친구는 어디에 있었어?

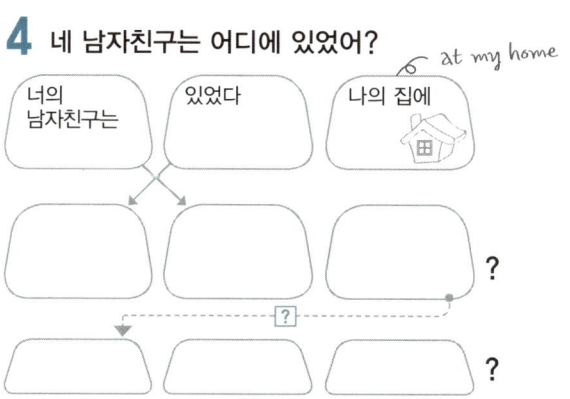

Unit 07 의문사 where

5 네 가방이 어디에 있었어?

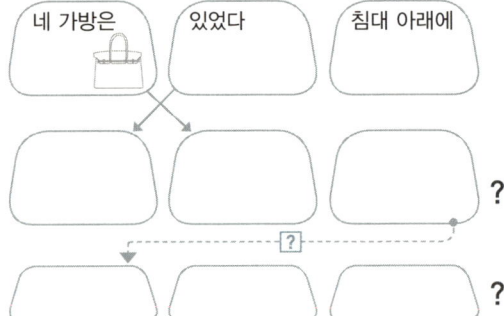

6 우리가 어디에 있었지?

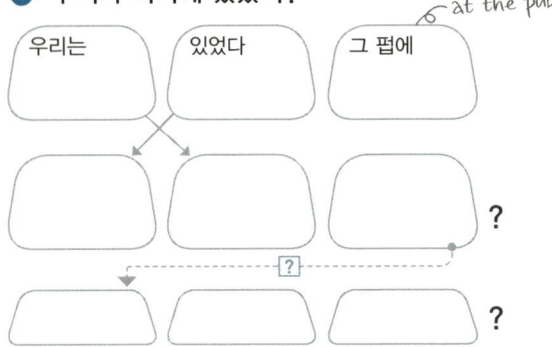

 at the pub

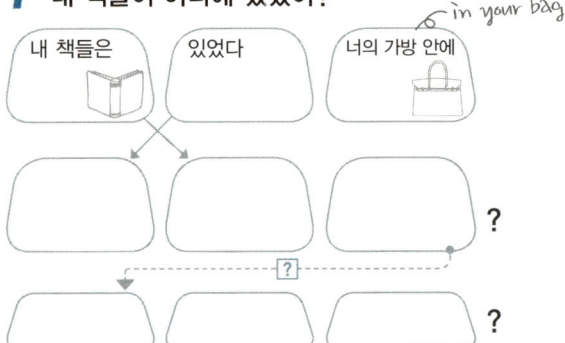

answer
05. Where was your bag?
06. Where were we?
07. Where were my books?

7 내 책들이 어디에 있었어?

in your bag

8 선생님이 어디 있었어?

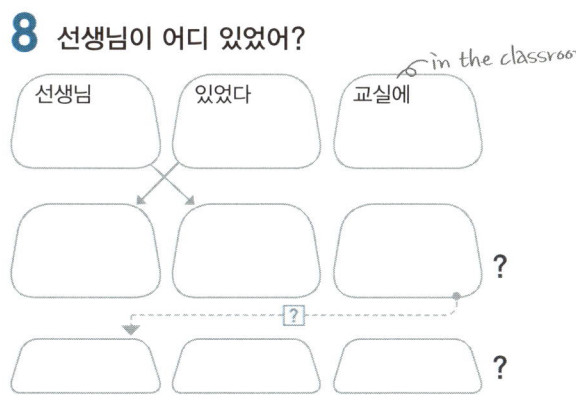

9 내 안경이 어디 있었어?

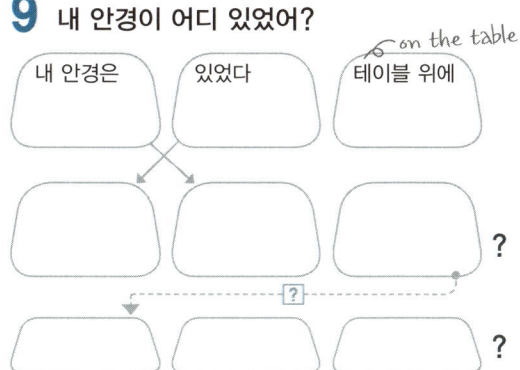

10 열쇠는 어디 있었어?

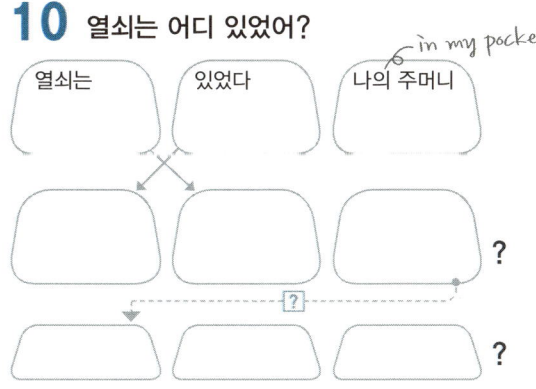

08. Where was the teacher?
09. Where were my glasses?
10. Where was the key?

Unit 07 의문사 where

Sample 그는 어디에 가고 있니?

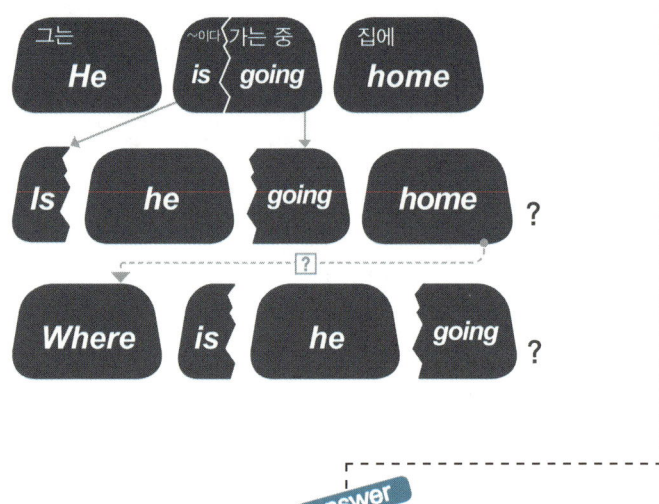

answer

11. Where is she working?
12. Where are you working out?
13. Where is she staying at?
14. Where are they having a meeting?

11 그녀는 어디서 일하고 있어?

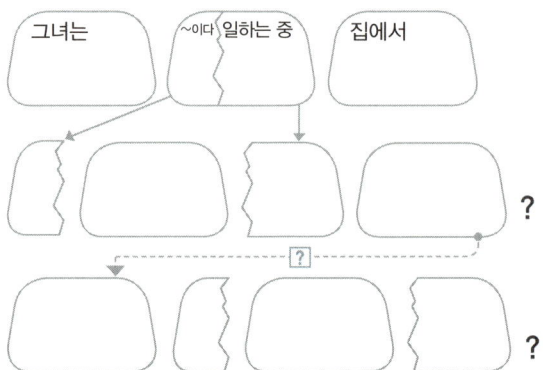

12 너는 어디에서 운동하고 있니?

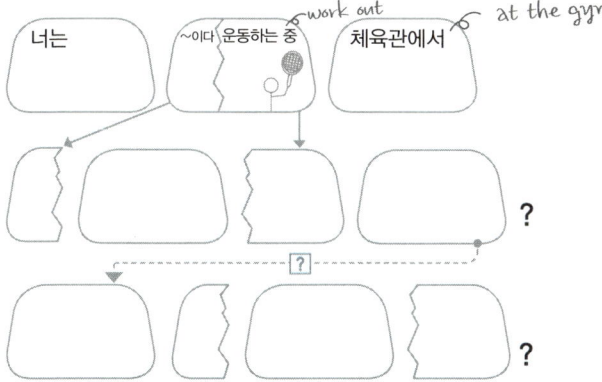

13 그녀는 어디에 머무르고 있어?

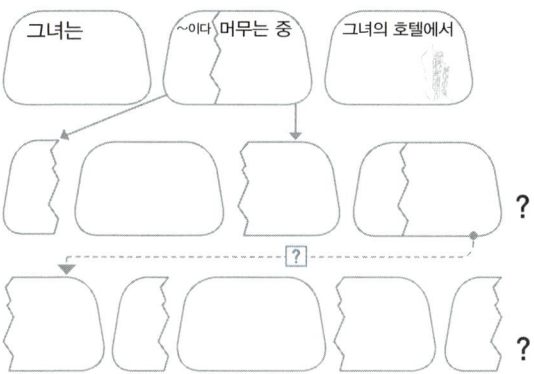

14 그들은 어디에서 미팅을 하고 있어?

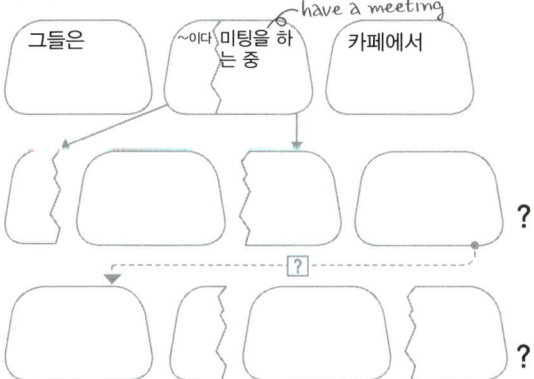

Unit 07 의문사 where

Sample 그는 어디에 살아?

answer

15. Where does he work?
16. Where do you work out?
17. Where do you learn to dance?
18. Where does he sleep?

15 그는 어디서 일하니?

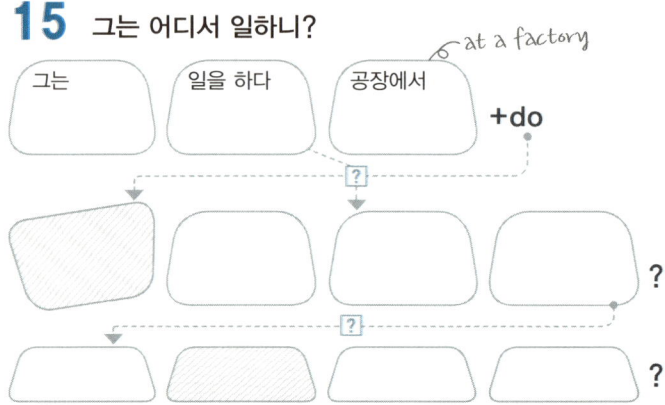

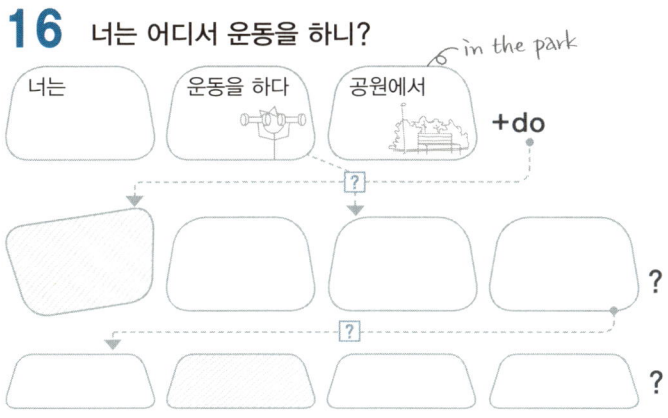

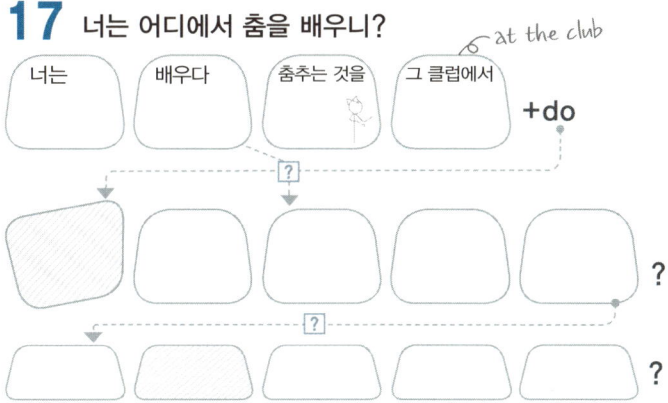

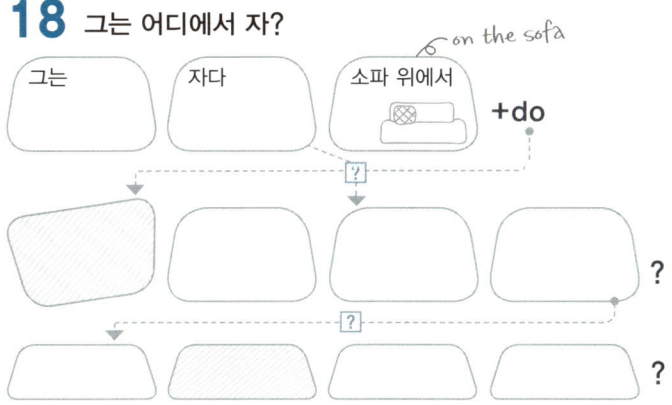

Unit 07 의문사 where

19 그녀는 어디에서 머물러?

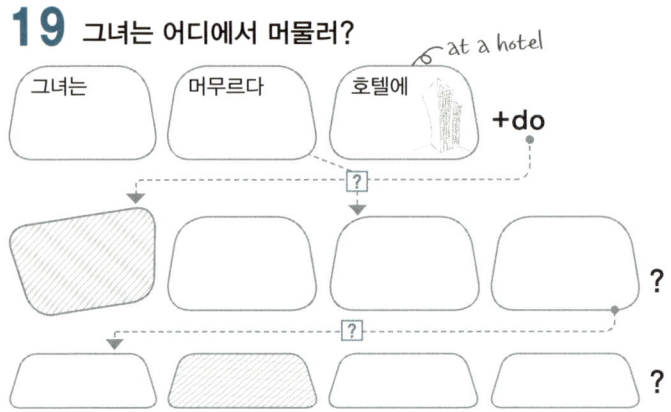

20 너는 어디에 가고 싶어?

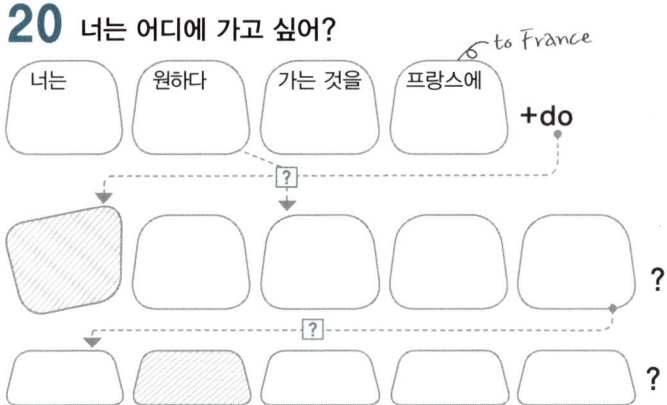

21 너는 어디에 발신 우편을 놔둬?

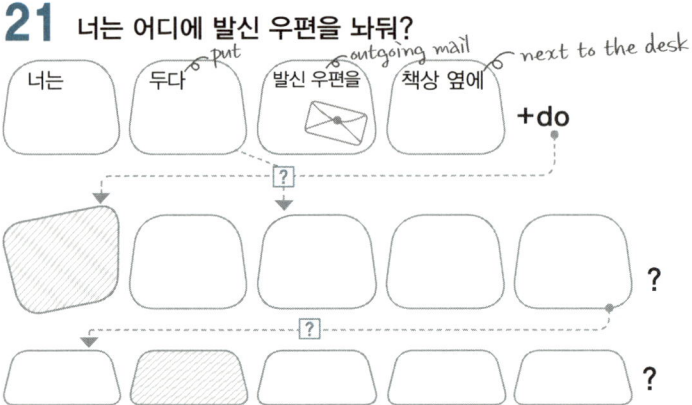

19. Where does she stay?
20. Where do you want to go?
21. Where do you put the outgoing mail?
22. Where did you come from?
23. Where did you get it?

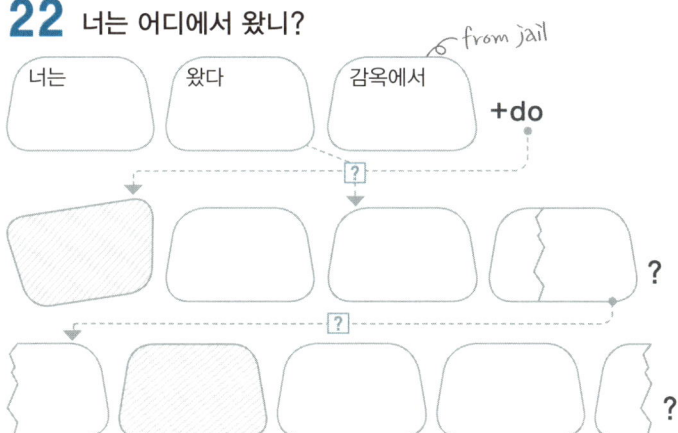

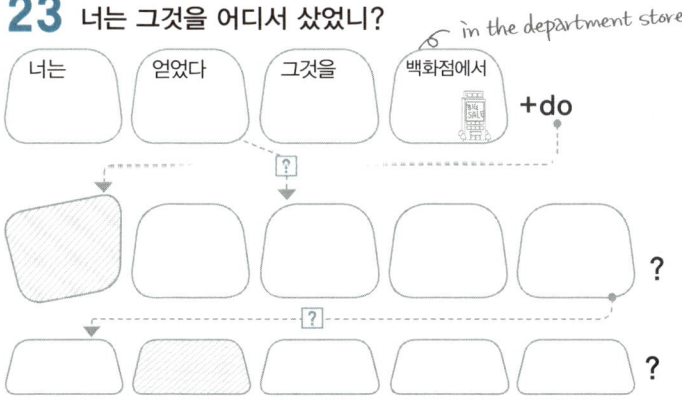

Unit 07 의문사 where

24. Where did she sleep last night?
25. Where did you find it?
26. Where did we meet each other?
27. Where did you park your car?
28. Where did you buy the shirt?

24 그녀는 어젯밤에 어디서 잤었니?

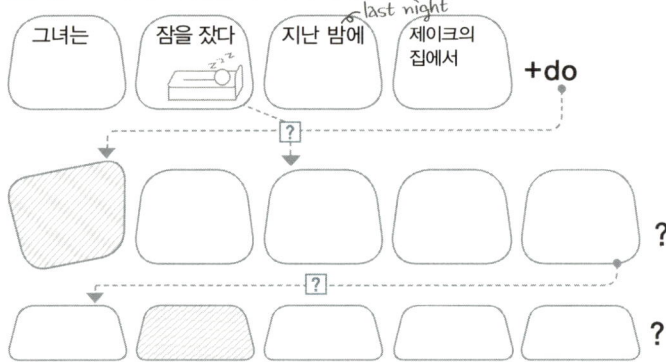

25 너는 그것을 어디에서 찾았니?

26 우리가 어디서 만났었지?

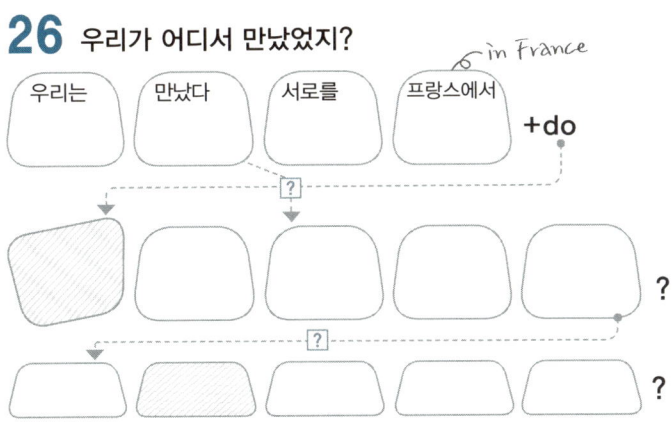

27 너는 어디에 주차를 했어?

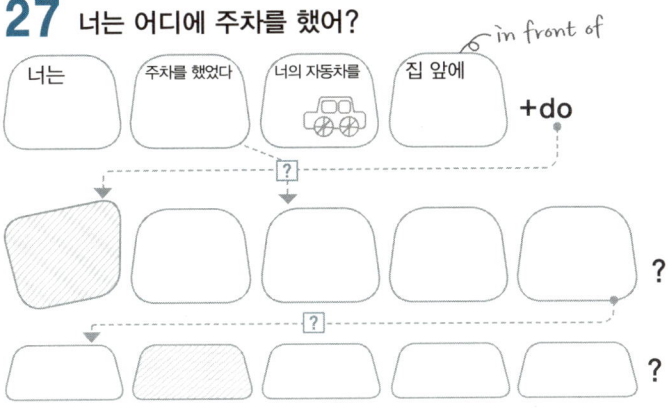

28 너는 어디에서 그 셔츠를 샀어?

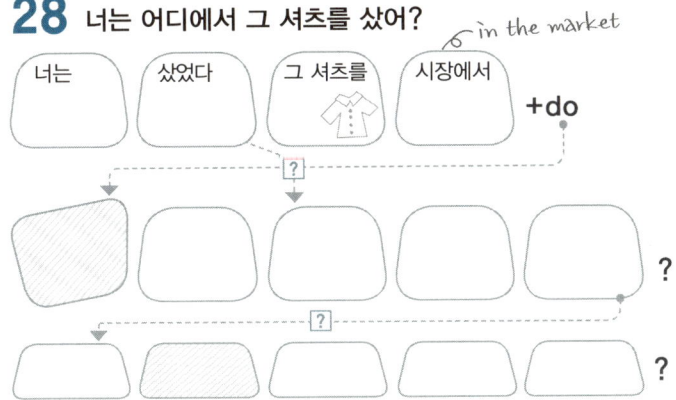

Unit 07 의문사 where

29. Where can I buy the ticket?
30. Where will you meet her?
31. Where should I put it?
32. Where will we eat?

Sample 내가 어디로 가야 할까?

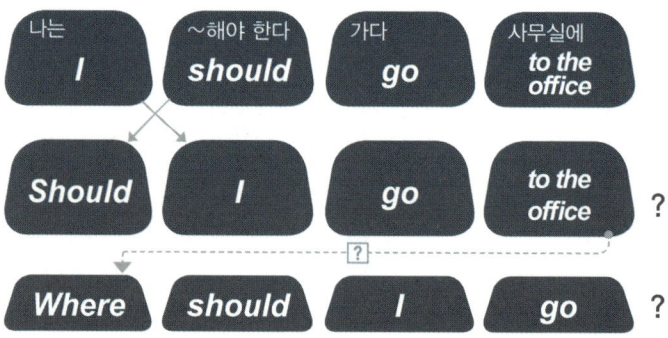

29 내가 어디에서 티켓을 살 수 있을까?

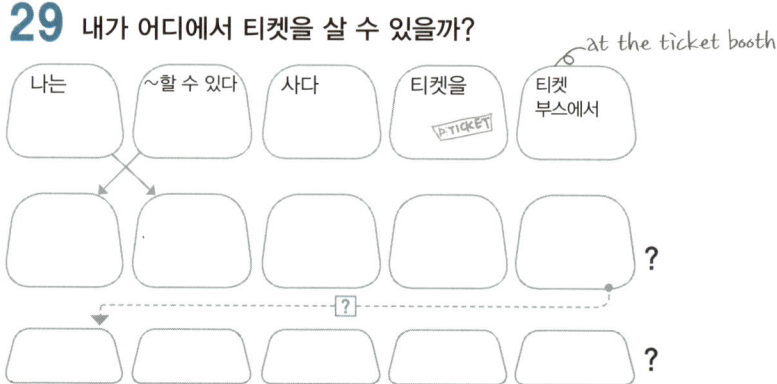

30 너는 어디서 그녀를 만날 거니?

31 내가 그것을 어디에 두어야 할까?

나는 / ~해야 한다 / 놓다 / 그것을 / 창고에 — in the warehouse

32 우리 어디에서 먹을까?

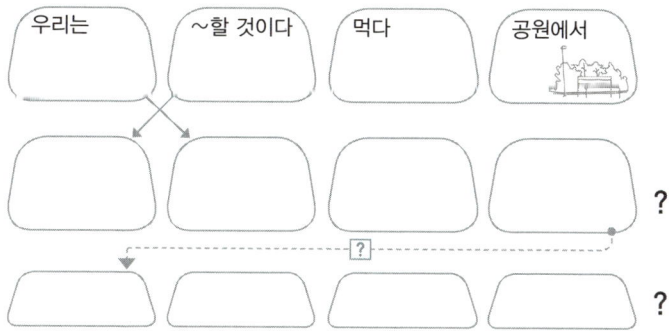

Unit 07 의문사 where

33 내가 어디에서 말해야 해?

나는 / ~해야 한다 / 말하다 / 강단 위에서 — on the platform

34 어디에서 가방을 빌릴 수 있어?

나는 / ~할 수 있다 / 빌리다 / 그 가방을 / 프론트 데스크에서 — at the front desk

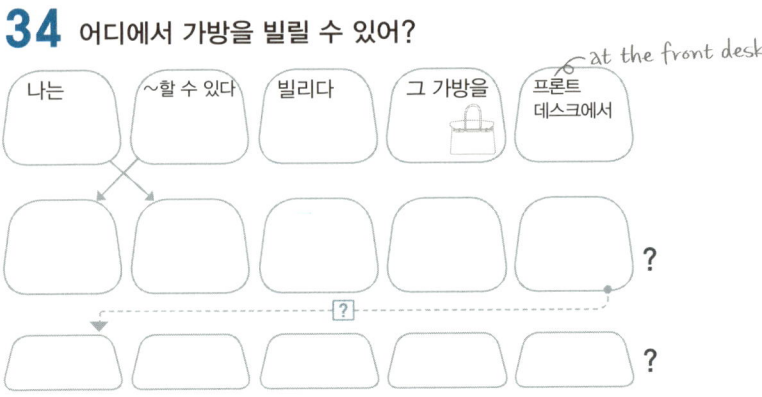

35 내가 어디서 그 논문을 찾을 수 있어?

나는 / ~할 수 있다 / 찾다 / 그 논문을 — paper / 도서관에서 — in the library

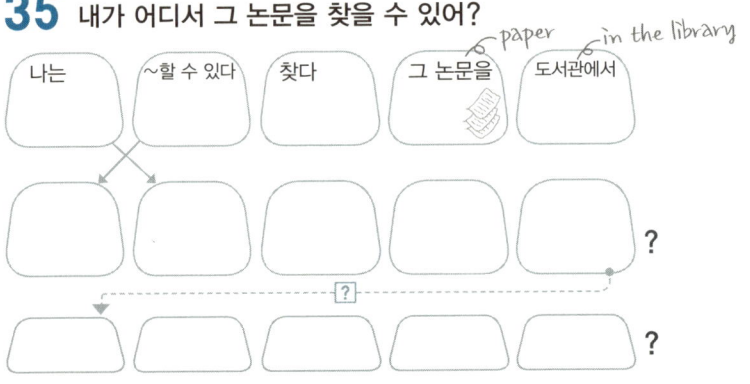

33. Where should I say?
34. Where can I borrow the bag?
35. Where can I find the paper?
36. Where will we have a conference?
37. Where should we start?

36 우리는 어디에서 회의를 할까?

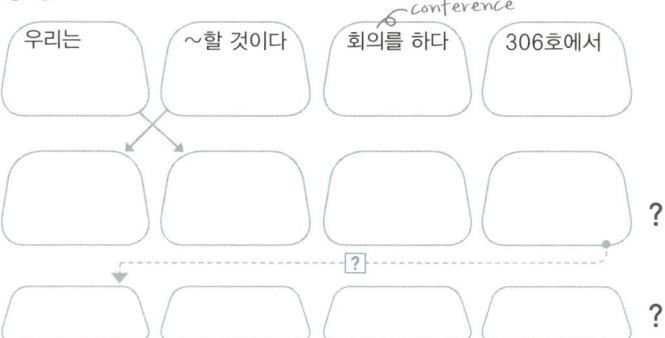

우리는 / ~할 것이다 / 회의를 하다 (conference) / 306호에서

37 우리가 어디에서 시작해야 할까?

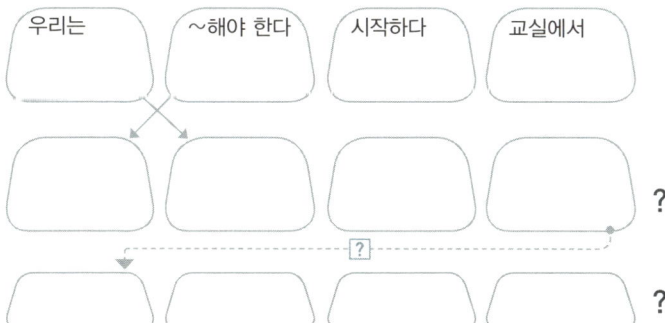

우리는 / ~해야 한다 / 시작하다 / 교실에서

4단계

Unit 07 의문사 where
입으로 말하다

38 나의 상사는 어디 있지? (있다) (나의 상사는) +where ?

39 나의 노트북이 어디에 있지? (있다) (내 노트북은 ~laptop) +where ?

40 그들은 어디에 있지? (있다) (그들은) +where ?

41 그 건물은 어디에 있니? (있다) (그 건물은) +where ?

42 너는 어디에서 쇼핑하고 있니? (너는) (쇼핑하고 있다) +where ?

43 너는 주말 동안 어디에 갔었니? (너는) (갔었다 ~go) (주말 동안 ~over the weekend) +where ?

44 너는 그것을 어디에서 들었니? (너는) (들었었다 ~hear) (그것을) +where ?

45 내가 어디에 이 논문을 내야 하지? (나는) (필요하다) (제출하는 것이 ~turn in) (이 논문을) +where ?

46 너는 어디서 먹고 싶니? (너는) (원한다) (먹는 것을) +where ?

다섯번 입으로 말하기

answer

38. 나의 상사는 어디 있지? — Where is my boss?

39. 나의 노트북이 어디에 있지? — Where is my laptop?

40. 그들은 어디에 있지? — Where are they?

41. 그 건물은 어디에 있니? — Where is the building?

42. 너는 어디에서 쇼핑하고 있니? — Where are you shopping?

43. 너는 주말 동안 어디에 갔었니? — Where did you go over the weekend?

44. 너는 그것을 어디에서 들었었니? — Where did you hear that?

45. 내가 어디에 이 논문을 내야 하지? — Where do I need to turn in this paper?

46. 너는 어디서 먹고 싶니? — Where do you want to eat?

47. 환승하기 위해선 어디로 가야 할까? — Where should I go to transfer?

48. 너는 어디에서 머무를 거야? — Where will you stay?

49. 어디에서 손을 씻을 수 있어? — Where can I wash my hands?

50. 내가 어디에서 이 일을 해야 할까? — Where should I do this work?

51. 오늘밤에 어디 있을 거야? — Where will you be tonight?

52. 설명서들은 어디에 보관하니? — Where do you keep the manuals?

53. 내가 어디에서 버스를 탈 수 있을까? — Where can I take a bus?

54. 내가 어디에서 흡연할 수 있을까? — Where can I smoke?

55. 너는 어디에 사니? — Where do you live?

Unit 08
의문사 how

1단계

Unit 08 의문사 how

목표를 세우다

How can I go there?

내가 어떻게 거기에 갈 수 있니?

내가 어떻게 [ ] 할 수 있니?

그 곳에 가다

너를 돕다

그것을 사용하다

그것을 멈추다

나의 개를 찾다

다섯번 입으로 말하기 ✔☆☆☆☆

전자제품을 사서 상자를 열어보면 사용 설명서가 함께 들어 있습니다. 처음 사용해 보는 종류의 기계라면 대충이라도 그것을 읽어 봐야만 하지요. 그에 대해서 잘 아는 사람에게 물어봐서 배우든지요. '이거 어떻게 사용해?'라고 물어볼 때는 의문사 'how'를 사용합니다. 즉 'how'는 무엇을 하는 '방법'에 관해 물어볼 때 사용하는 의문사이지요. 방법뿐만 아니라, '너 키가 얼마나 돼?'라는 질문과 같이 어떤 대상의 '상태'에 대해서 물을 때도 'how'를 사용합니다.

How can I go there?
help you?
use it?
stop it?
find my dog?

2단계

Unit 08 의문사 how

원리를 이해하다

how는 방법, 수량, 상태를 나타내는 말을 대신하는 의문사입니다.
의문사는 어떤 단어나 표현을 지우고 그 자리에 대신 사용됩니다.

> Are you OK ?
>
> Are you how ?

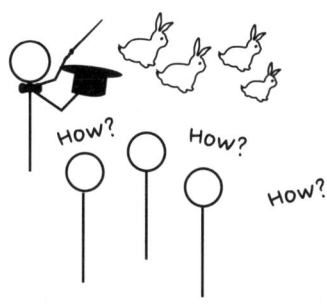

그런데 의문사는 한 가지 더 특징이 있습니다.
문장(혹은 절)의 앞으로 이동해야 한다는 것입니다.

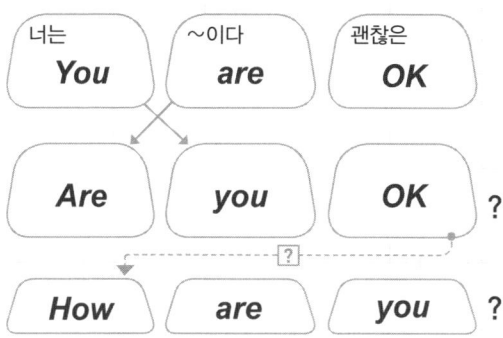

손으로 쓰다

01. How is your food?
02. How is your appetite?
03. How is your new apartment?
04. How was your weekend?

Sample 날씨가 어때?

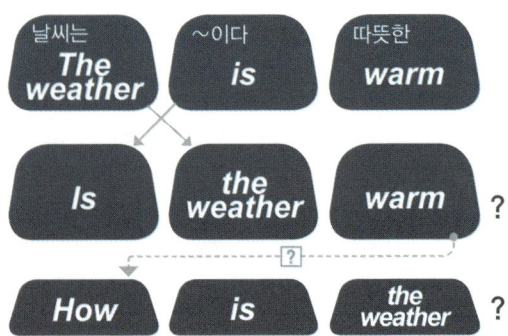

1 너의 음식은 어떠니?

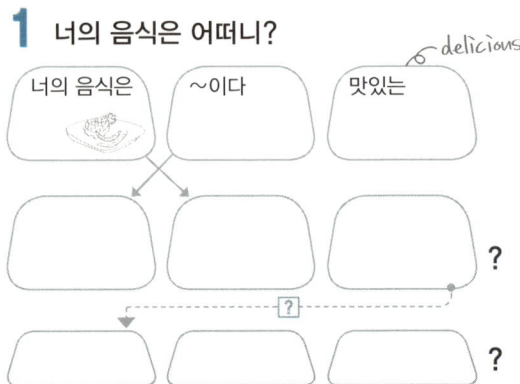

2 너의 식욕은 어때?

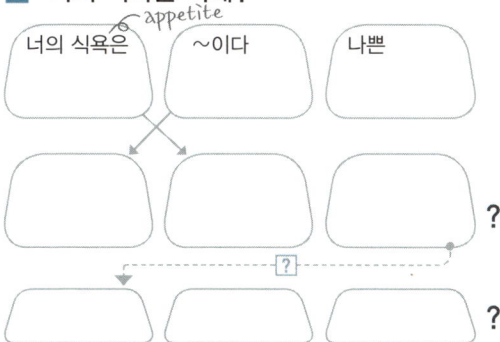

3 너의 새 아파트는 어때?

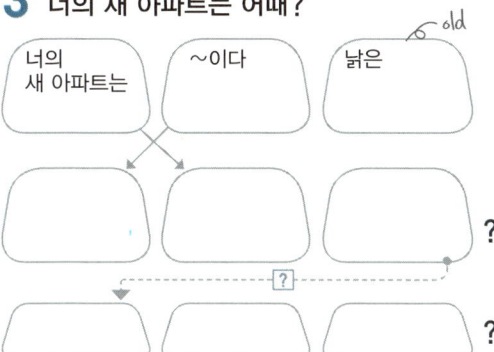

4 너의 주말은 어땠었니?

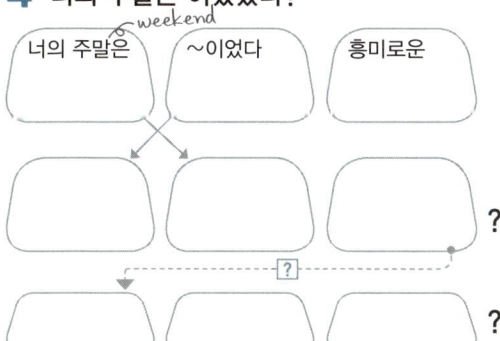

Unit 08 의문사 how

5 너의 비행은 어땠니?

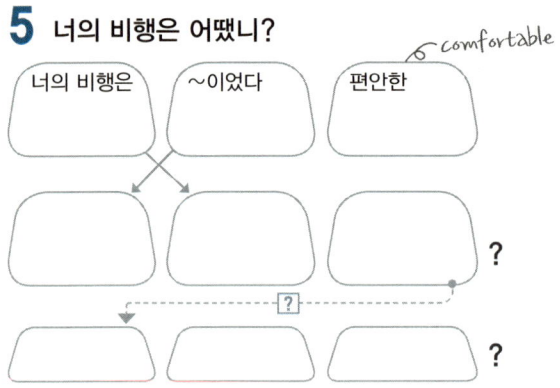

answer
05. How was your flight?
06. How was your trip?
07. How was he?

6 네 여행은 어땠어?

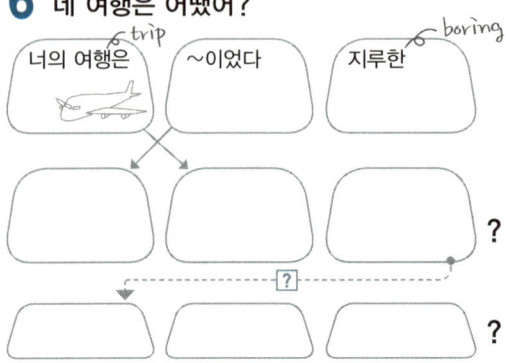

7 그는 어땠어?

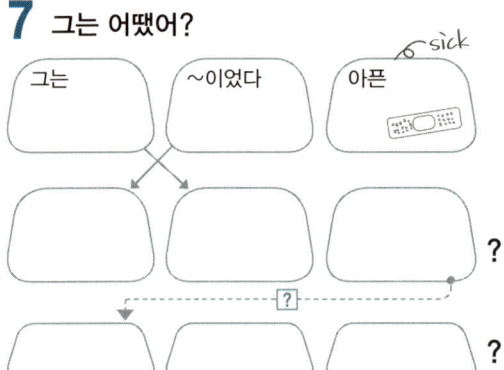

8 그 파티는 어땠니?

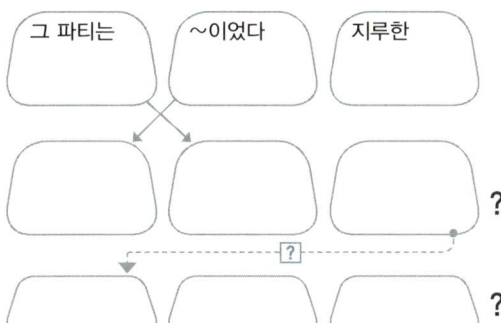

08. How was the party?
09. How was the restaurant?
10. How was your blind date?

9 그 식당은 어땠니?

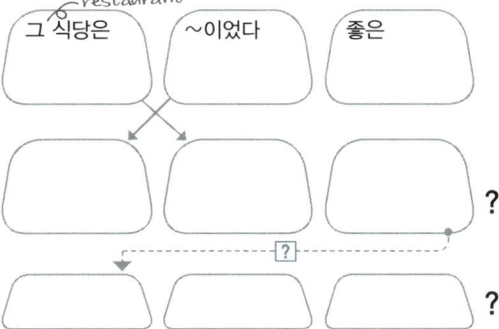

10 소개팅은 어땠어?

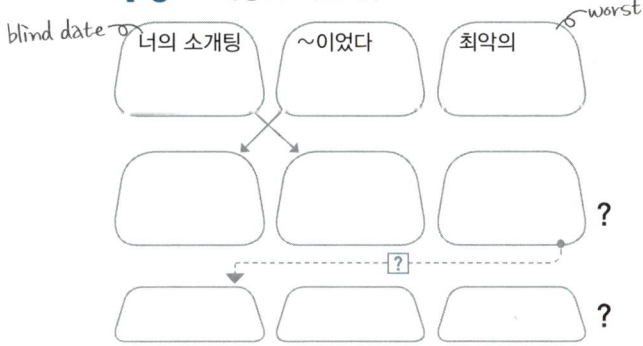

Unit 08 의문사 how

Sample 너는 얼마나 크니?

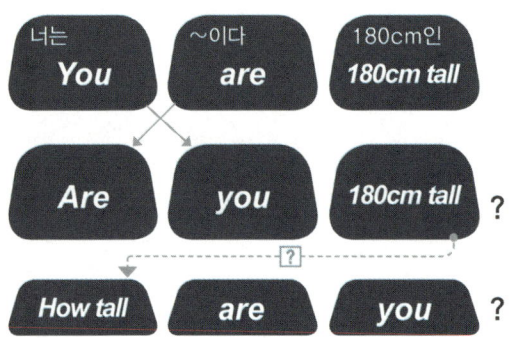

11 그것은 얼마나 빠르니?

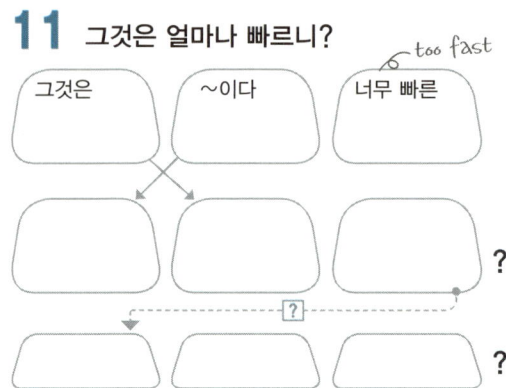

12 그게 얼마나 다른데?

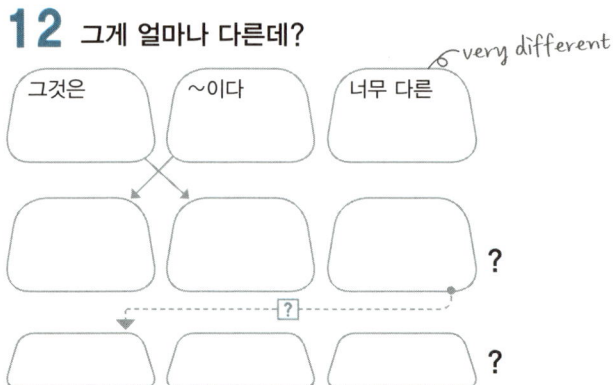

11. How fast is it?
12. How different is it?
13. How long were you in Paris?
14. How far is the subway station?

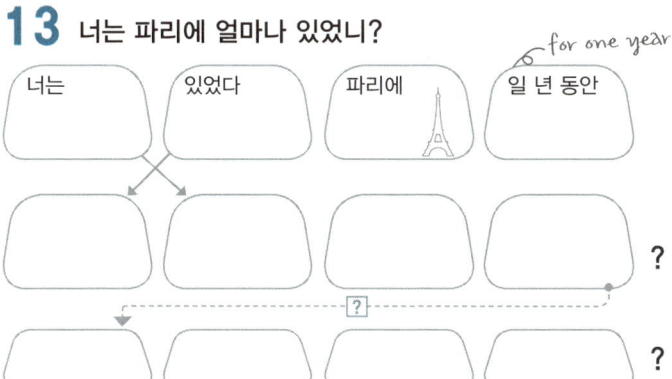

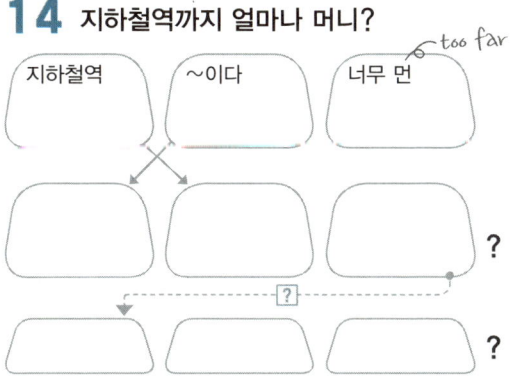

Unit 08 의문사 how

15. How do you know that?

Sample 그녀가 나를 어떻게 알까?

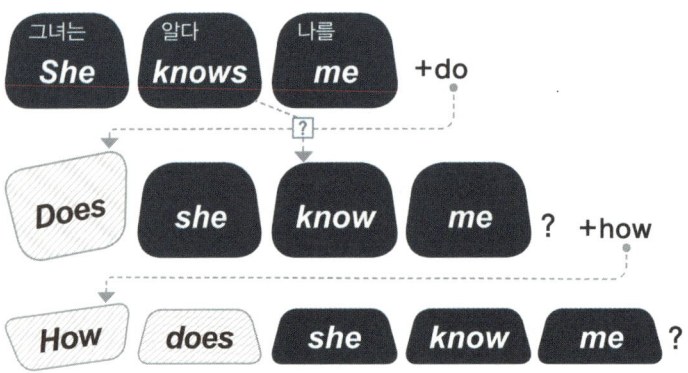

15 너는 그것을 어떻게 아니?

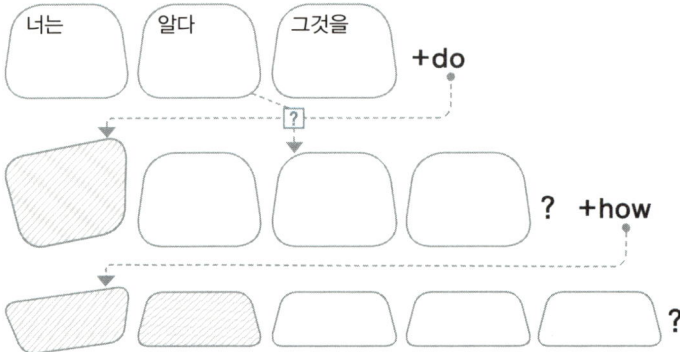

16. How does she live there?
17. How does she earn a lot of money?

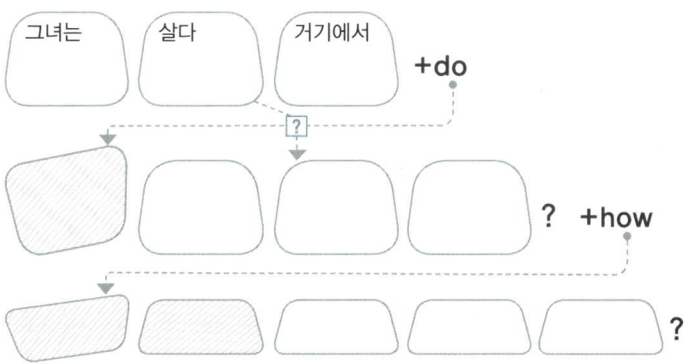

16 그녀는 거기에서 어떻게 살아?

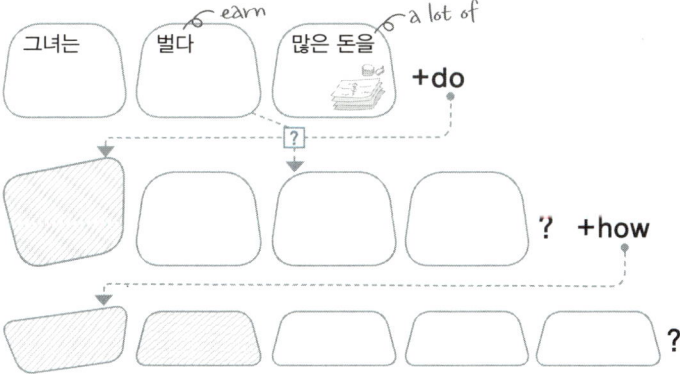

17 그녀는 어떻게 돈을 많이 벌어?

Unit 08 의문사 how

18. How do you want it?
19. How do you describe objects?

18 그것을 어떻게 해 줄까?

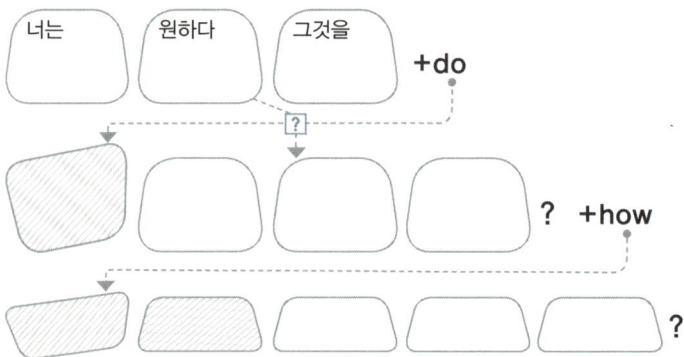

19 너는 어떻게 물건들을 묘사해?

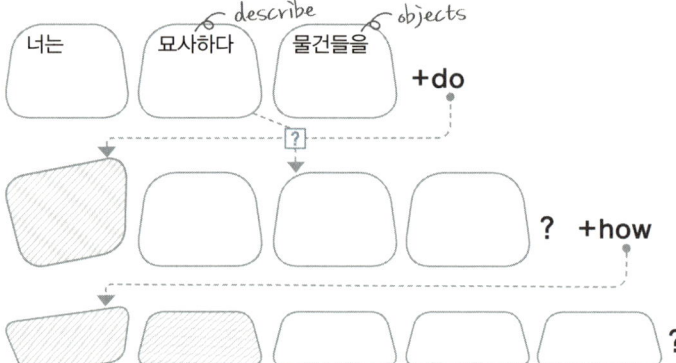

20. How do they spend their spare time?
21. How do you adjust the video quality?

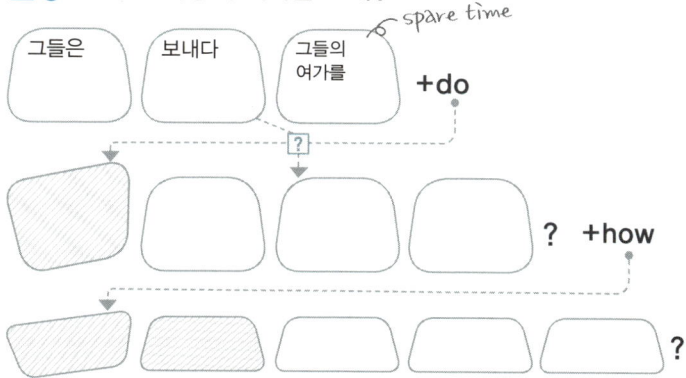

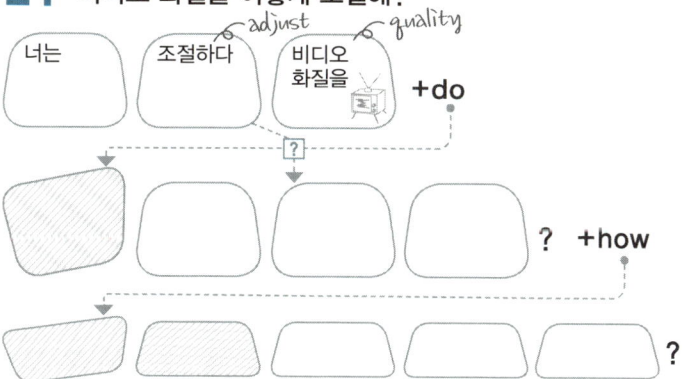

Unit 08 의문사 how

22 그 일이 어떻게 일어났니?

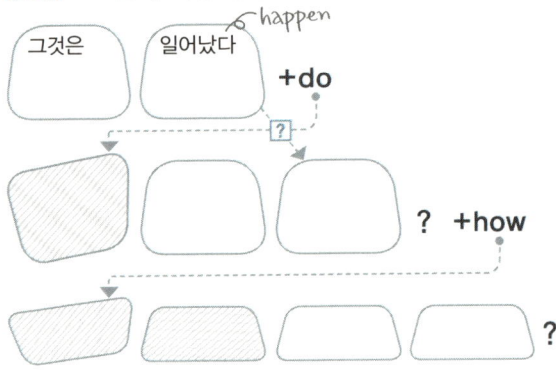

23 그것이 어떻게 끝났니?

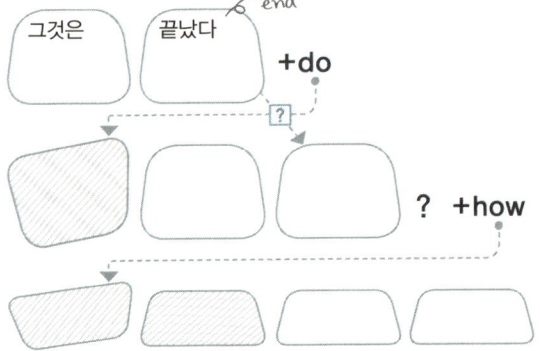

answer

22. How did it happen?
23. How did it end?
24. How did they play?

24 그들 경기가 어땠어?

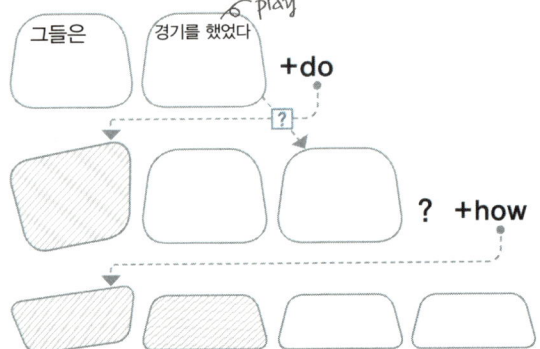

25 그녀는 어떻게 춤을 췄어?

25. How did she dance?
26. How did he say?
27. How did you learn it?

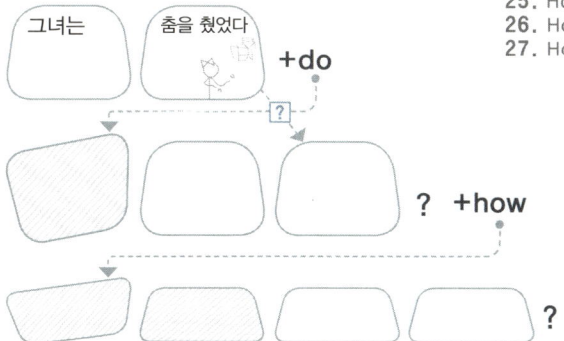

26 그가 어떻게 말을 했어?

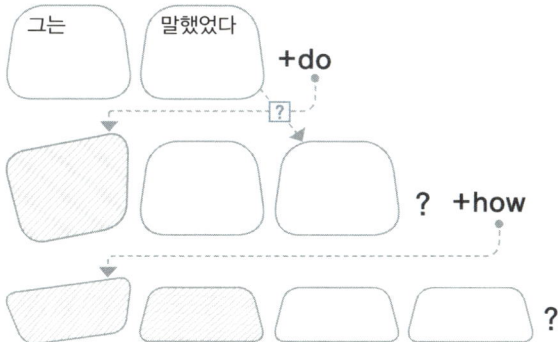

27 너는 그것을 어떻게 배웠던 거야?

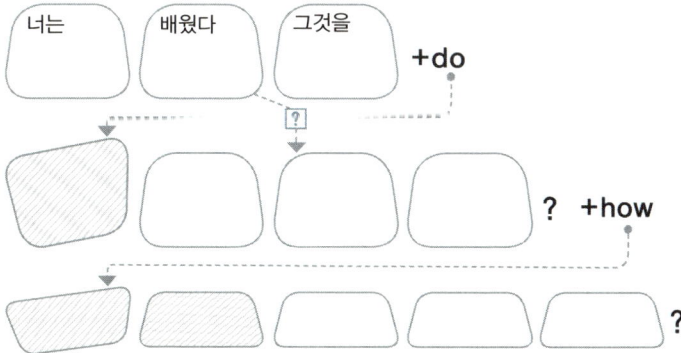

Unit 08 의문사 how

Sample 우리가 얼마나 썼지?

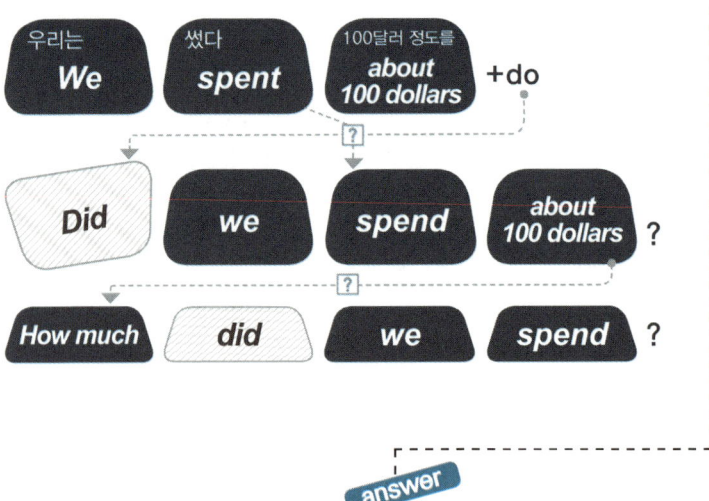

answer

28. How long do you work?
29. How much does it cost?
30. How many days do you stay there?
31. How many copies do we need to send?

28 넌 얼마나 오래 일을 해?

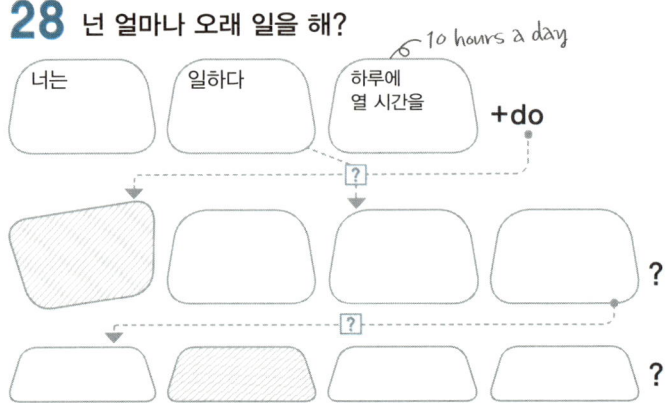

29 그것은 얼마니?

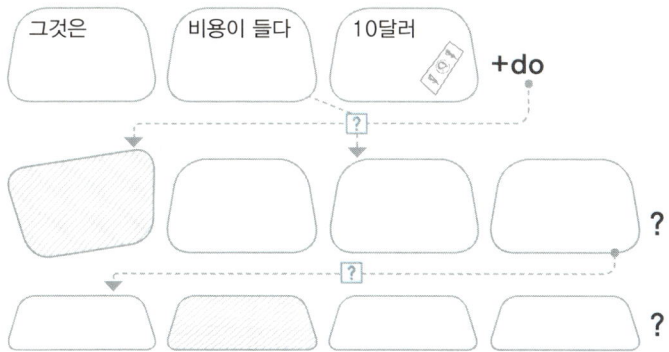

30 너는 며칠이나 거기에 머물러?

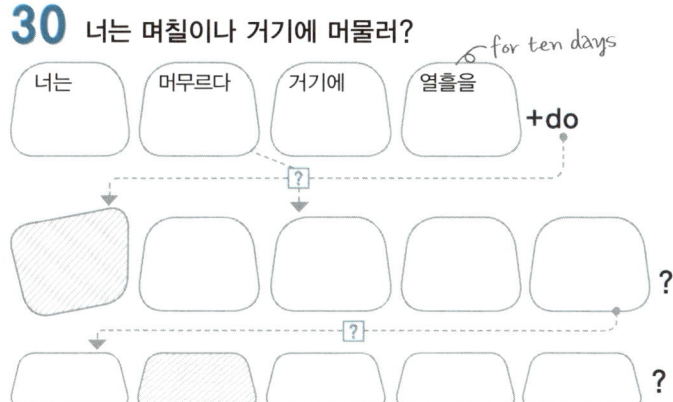

31 우리는 복사본을 몇 장이나 보내야 하니?

Unit 08 의문사 how

Sample 내가 너를 어떻게 도울 수 있을까?

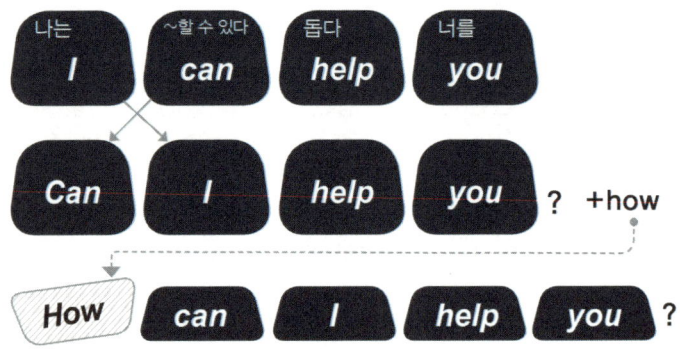

answer

32. How can I live without you?
33. How should I dress for the party?
34. How will you get there?
35. How should I say?

32 내가 너 없이 어떻게 살아?

33 나는 파티에 가려면 어떻게 옷을 입어야 할까?

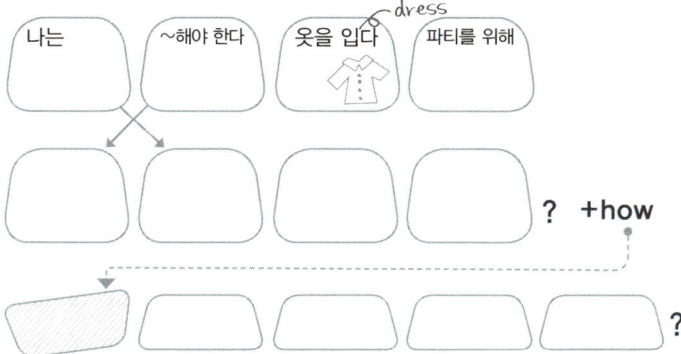

34 너는 그곳에 어떻게 갈 거니?

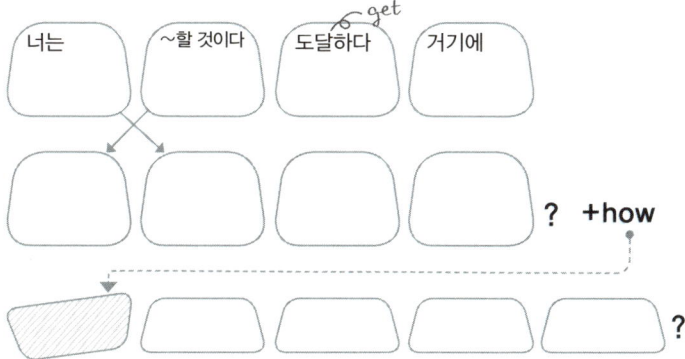

35 내가 어떻게 말해야 할까?

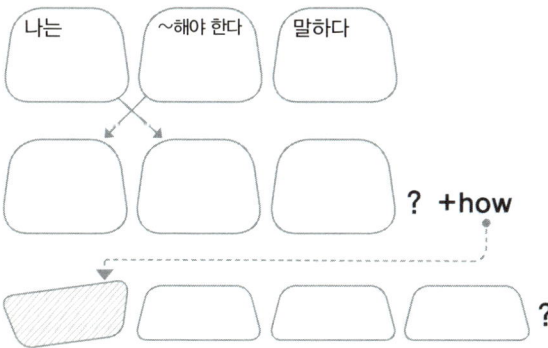

Unit 08 의문사 how

36 그 문제가 어떻게 끝날까?

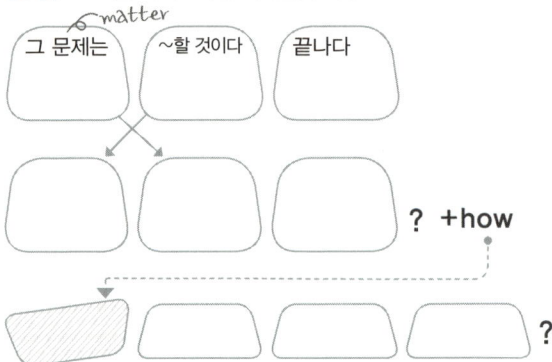

37 내가 어떻게 그 프로그램에 지원할 수 있을까?

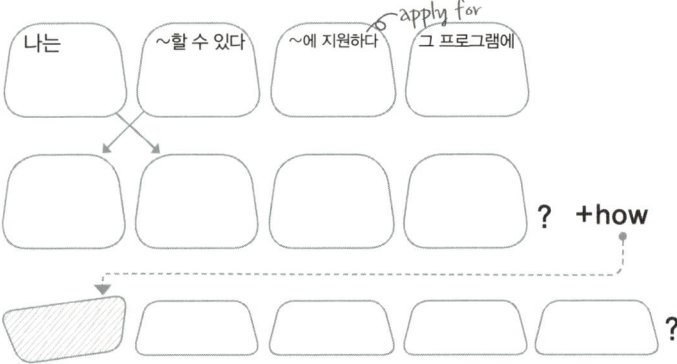

38 내가 어떻게 그 클럽에 가입할 수 있을까?

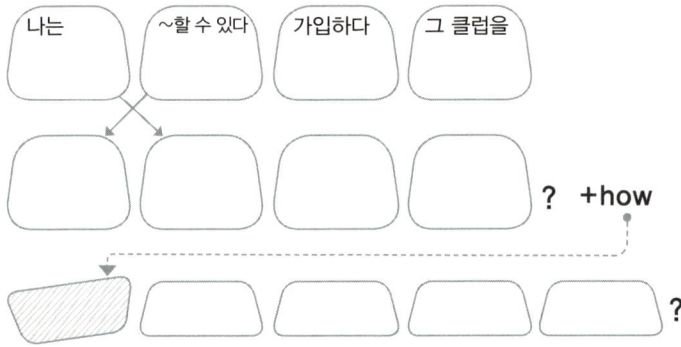

36. How will the matter end?
37. How can I apply for the program?
38. How can I join the club?
39. How should I handle it?
40. How can I help you?

39 내가 그것을 어떻게 처리해야 할까?

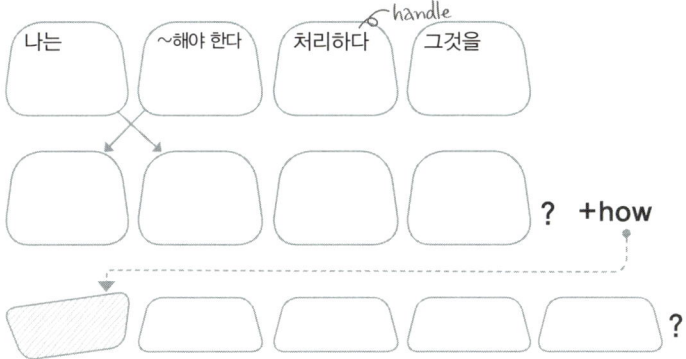

40 내가 너를 어떻게 도와줄까?

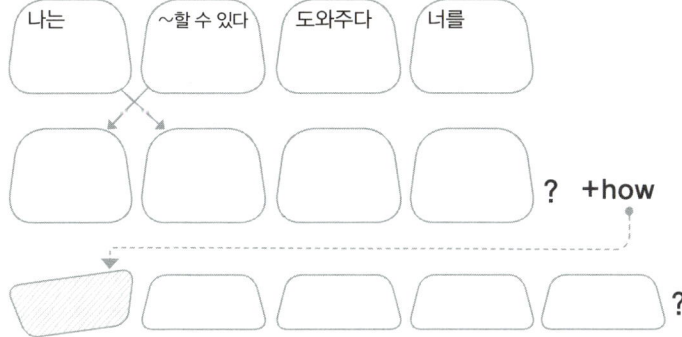

4단계

Unit 08 의문사 how

입으로 말하다

41 너의 일은 어떠니?   ~이다 | 너의 일은 (work) | +how ?

42 날씨는 어땠어?   ~이었다 | 날씨는 | +how ?

43 수업은 어땠니?   ~이었다 | 수업은 | +how ?

44 서울에는 대학교가 몇 개나 있니?   대학들이 (university) | 있다 | 서울에 | +how many ?

45 네 사랑이 얼마나 깊은데?   ~이다 | 너의 사랑은 | +how deep?

46 너는 그것을 어떻게 찾았니?   너는 | 찾았다 | 그것을 | +how ?

47 너는 어떻게 이겼니?   너는 | 이겼다 | +how ?

48 너는 여자친구를 어떻게 갖게 되었니?   너는 | 얻었다 | 여자친구를 | +how ?

49 너는 그것을 어떻게 만들었니?   너는 | 만들었다 | 그것을 | +how ?

다섯번 입으로 말하기

50 너는 얼마나 자주 운동을 하니? | 너는 | 운동하다 | +how often ?

51 상처가 얼마나 깊니? | ~이다 | 상처 (wound) | +how deep ?

52 내가 그것을 어떻게 사용할 수 있을까? | ~할 수 있다 | 나는 | 사용하다 | 그것을 | +how ?

53 내가 집에 어떻게 가야 할까? | ~할 수 있다 | 나는 | 집에 가다 (go home) | +how ?

54 내가 어떻게 리포트를 제출해야 하니? | ~해야 한다 | 나는 | 제출하다 (hand in) | 리포트를 | +how ?

55 내가 어떻게 알아? | 나는 | 알다 | +how ?

56 너는 몇 살이니? | ~이다 | 너는 | +how old ?

57 얼마나 걸리니? | 그것은 | (시간이) 걸리다 (take) | +how long ?

58 너는 어떻게 그것을 사용할 거니? | ~할 것이다 | 너는 | 사용하다 | 그것을 | +how ?

answer

41. 너의 일은 어떠니? — How is your work?

42. 날씨는 어땠어? — How was the weather?

43. 수업은 어땠니? — How was the class?

44. 서울에는 대학교가 몇 개나 있니? — How many universities are in Seoul?

45. 네 사랑이 얼마나 깊은데? — How deep is your love?

46. 너는 그것을 어떻게 찾았니? — How did you find it?

47. 너는 어떻게 이겼니? — How did you win?

48. 너는 여자친구를 어떻게 갖게 되었니? — How did you get a girlfriend?

49. 너는 그것을 어떻게 만들었니? — How did you make it?

50. 너는 얼마나 자주 운동을 하니? — How often do you work out?

51. 상처가 얼마나 깊니? — How deep is the wound?

52. 내가 그것을 어떻게 사용할 수 있을까? — How can I use it?

53. 내가 집에 어떻게 가야 할까? — How can I go home?

54. 내가 어떻게 리포트를 제출해야 하니? — How should I hand in the report?

55. 내가 어떻게 알아? — How do I know?

56. 너는 몇 살이니? — How old are you?

57. 얼마나 걸리니? — How long does it take?

58. 너는 어떻게 그것을 사용할 거니? — How will you use it?

Unit 09
의문사 when

1단계

Unit 09 의문사 when

목표를 세우다

When will you study?

너는 언제 공부할 거니?

너는 언제 [　　　] 할 거니?

공부하다
결혼하다
그것을 끝내다
그를 만나다
방을 청소하다

다섯번 입으로 말하기 ☑ ☆ ☆ ☆ ☆

결심을 하는 것은 쉽습니다. '공부를 열심히 해야지'라든가 '운동을 시작해야지'라든가 하는 결심들 말이에요. 중요한 것은 '언제' 하느냐의 문제이겠지요. 어떤 결심이든 미루기만 하고 실천하지 않으면 소용이 없잖아요. '언제'에 대해서 물을 때 즉 '시간이나 날짜'에 대해서 물을 때는 의문사 'when'을 사용합니다.

When will you   study?
  marry?
  finish it?
  meet him?
  clean the room?

2단계

Unit 09 의문사 when

원리를 이해하다

when

when은 시점을 나타내는 말을 대신하는 **의문사**입니다.
의문사는 어떤 단어나 표현을 지우고 그 자리에 대신 사용됩니다.

Is your birthday today?

Is your birthday when?

그런데 의문사는 한 가지 더 특징이 있습니다.
문장(혹은 절)의 앞으로 이동해야 한다는 것입니다.

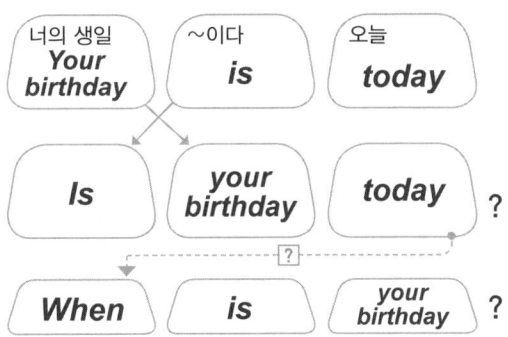

3단계

Unit 09 의문사 when

손으로 쓰다

01. When is the party?
02. When is his birthday?
03. When is your off day?
04. When was the most difficult time?

Sample 미팅이 언제야?

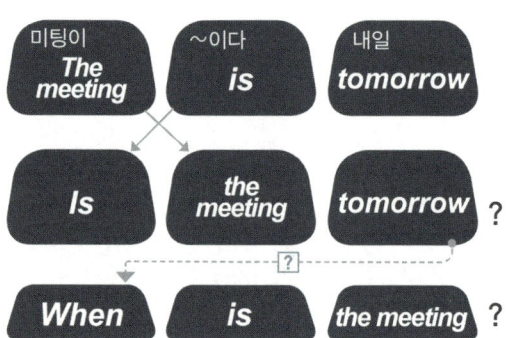

1 파티는 언제야?

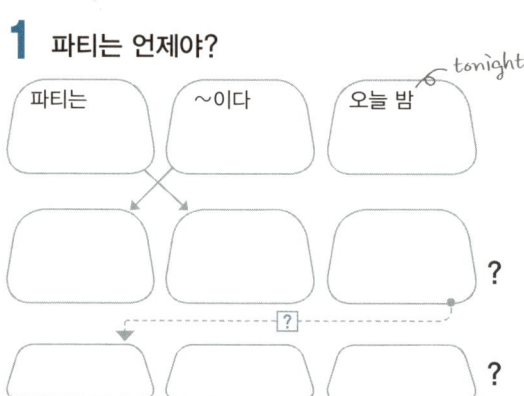

tonight

2 그의 생일은 언제야?

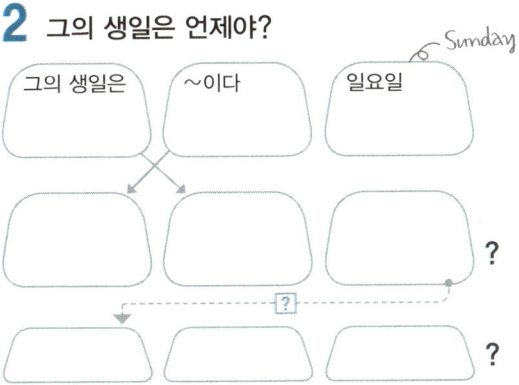

3 너의 쉬는 날은 언제야?

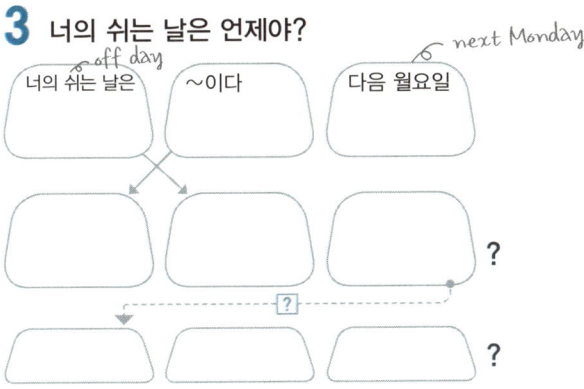

4 가장 힘든 시간이 언제였어?

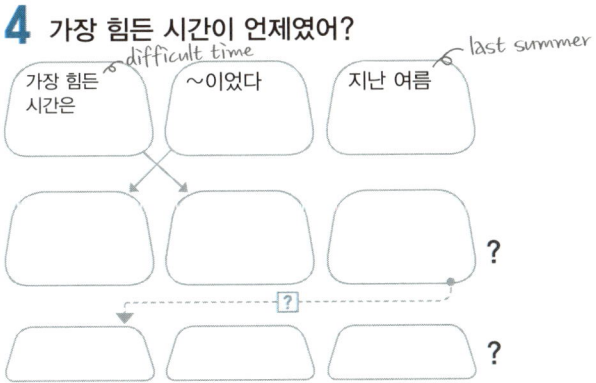

Unit 09 의문사 when

5 그의 마지막 수술이 언제였어?

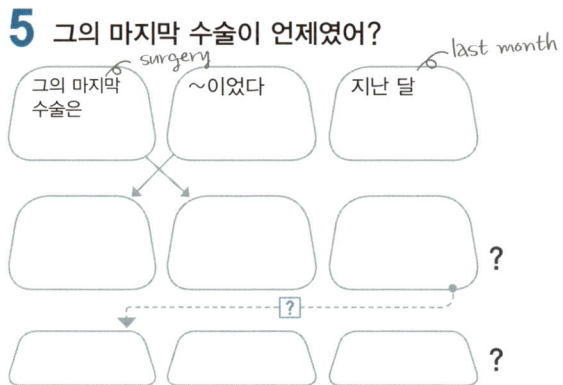

6 그녀의 마지막 방문이 언제였어?

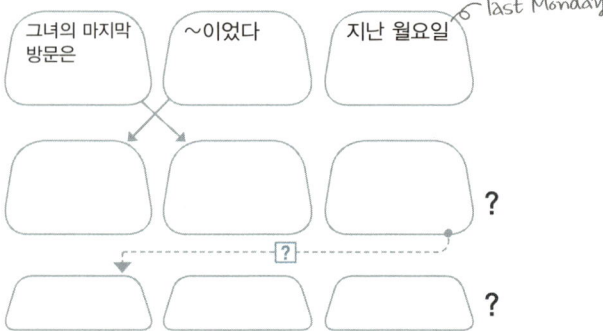

7 우리의 기념일이 언제였어?

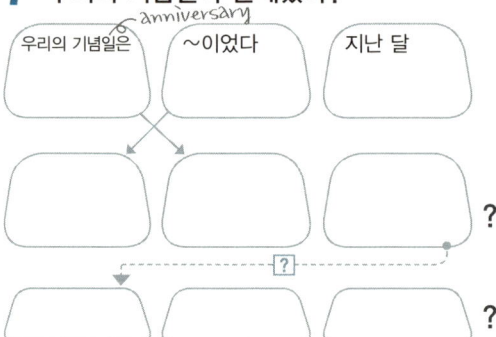

answer

05. When was his last surgery?
06. When was her last visit?
07. When was our anniversary?

8 시험은 언제였니?

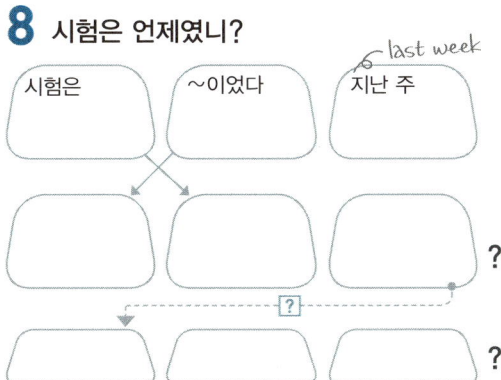

08. When was the exam?
09. When was your last check-up?
10. When was the game?

9 마지막 건강검진은 언제였니?

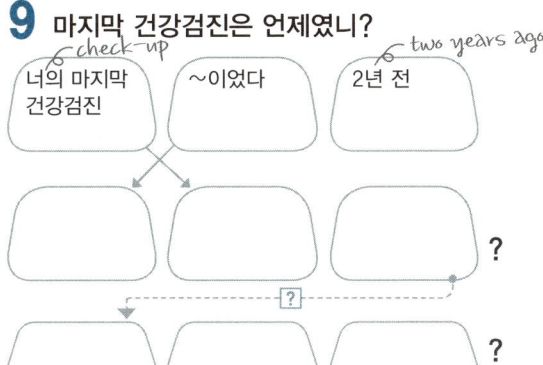

10 경기는 언제였니?

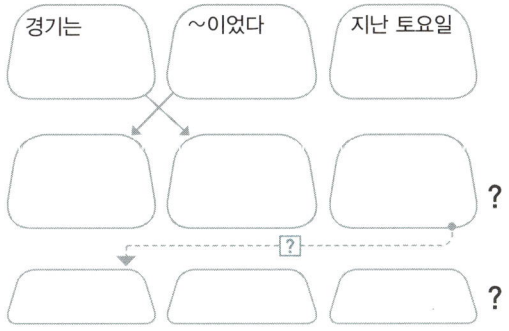

Unit 09 의문사 when

Sample 다음 버스는 언제 오지?

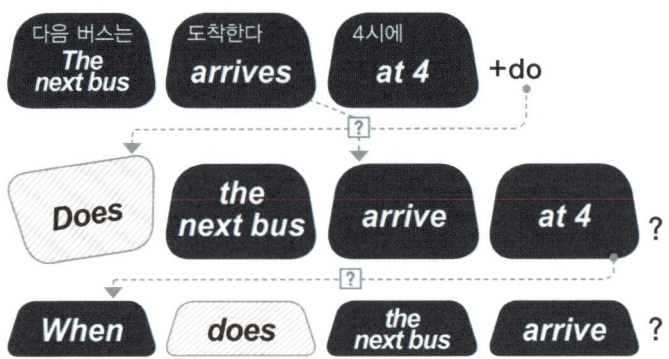

answer

11. When does the class start?
12. When do you have dinner?
13. When does he work out?
14. When do you want to start?

11 수업이 언제 시작해?

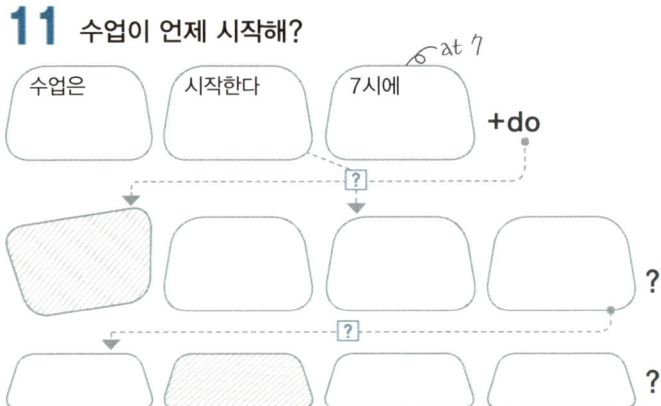

12 너는 언제 저녁을 먹니?

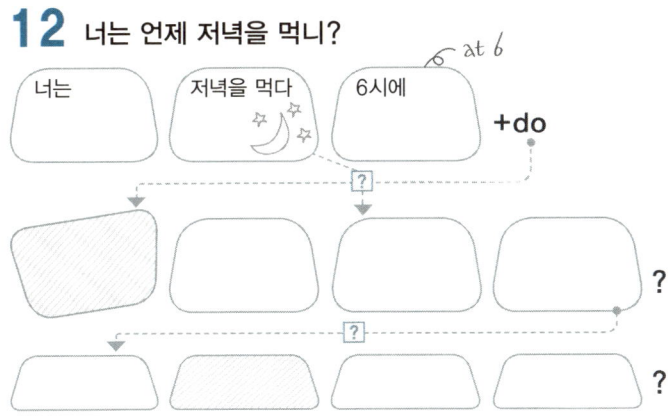

13 그는 언제 운동을 해?

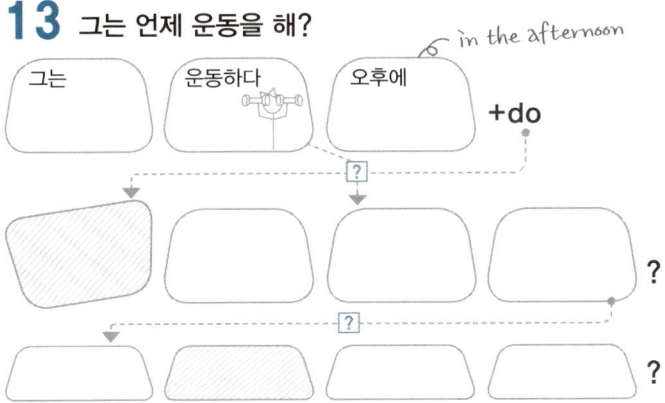

14 너는 언제 시작하고 싶어?

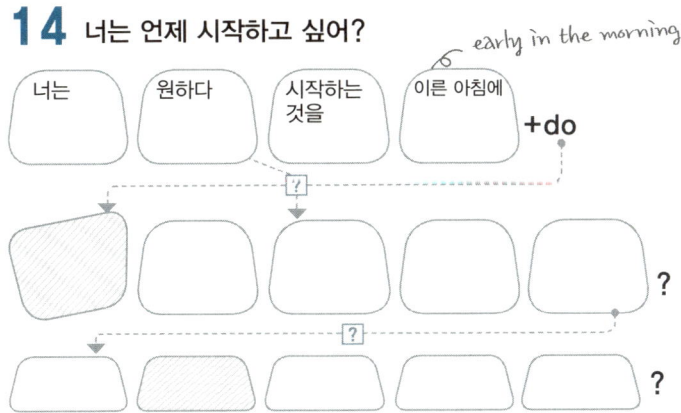

Unit 09 의문사 when

15 너는 언제 연설하니?

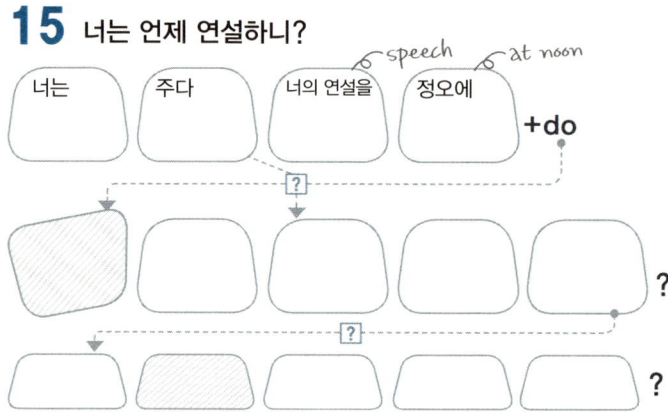

16 너는 언제 공부할 계획이야?

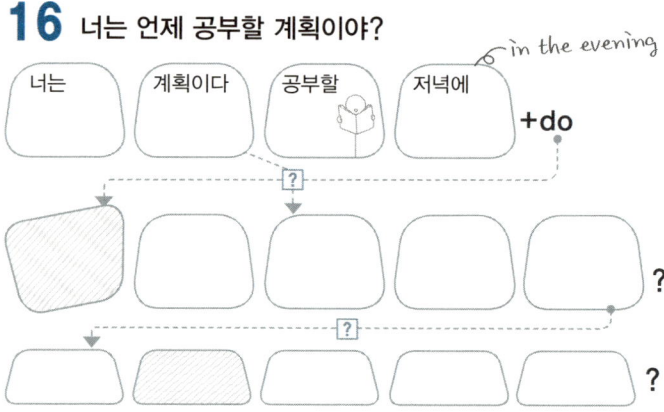

17 우리 언제 같이 점심 먹어?

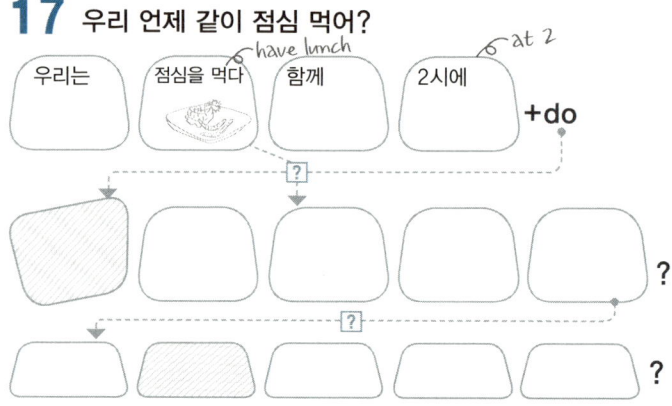

15. When do you give your speech?
16. When do you plan to study?
17. When do we have lunch together?
18. When did we meet?
19. When did he come?

18 우리가 언제 만났었지?

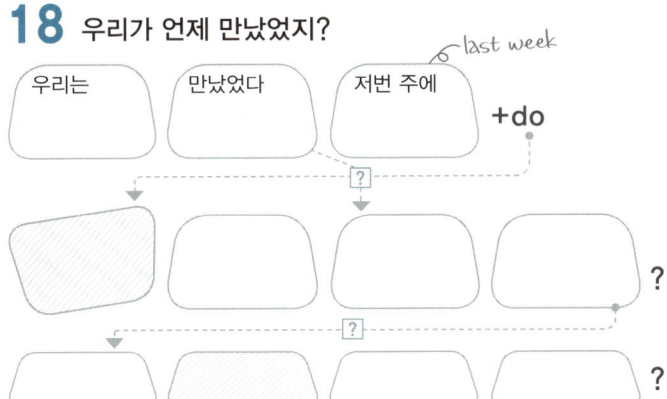

19 그가 언제 왔어?

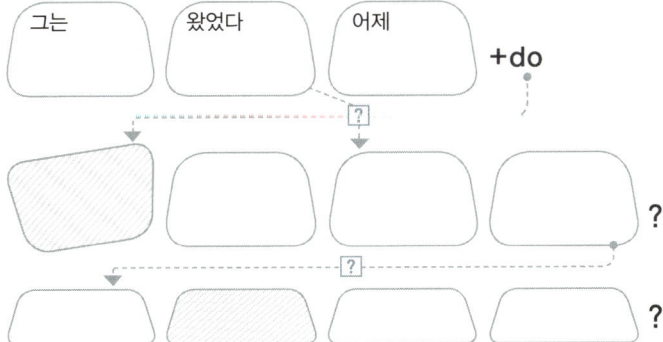

Unit 09 의문사 when

20 내가 언제 그렇게 말했어?

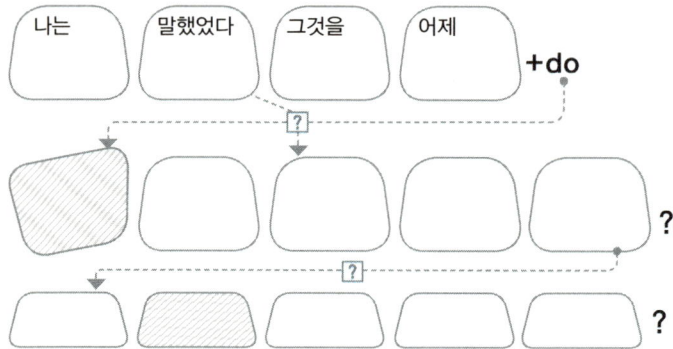

21 너는 언제 군대에 들어갔니?

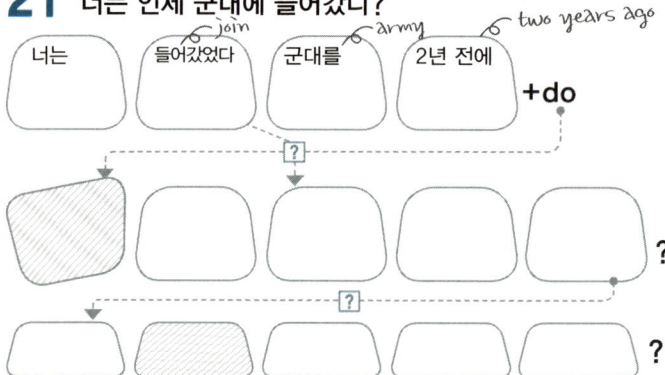

22 그 게임은 언제 시작했어?

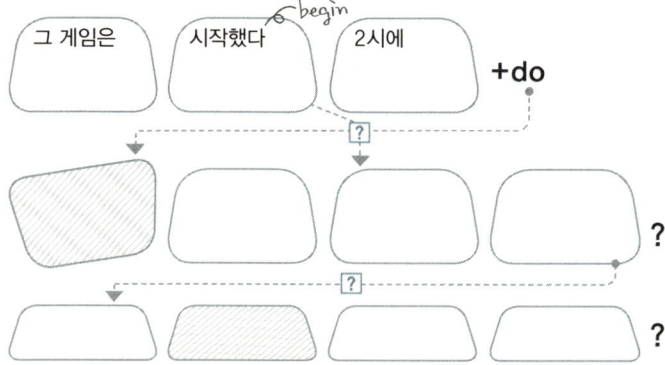

20. When did I say that?
21. When did you join the army?
22. When did the game begin?
23. When did you see his parents?
24. When did you lose your watch?

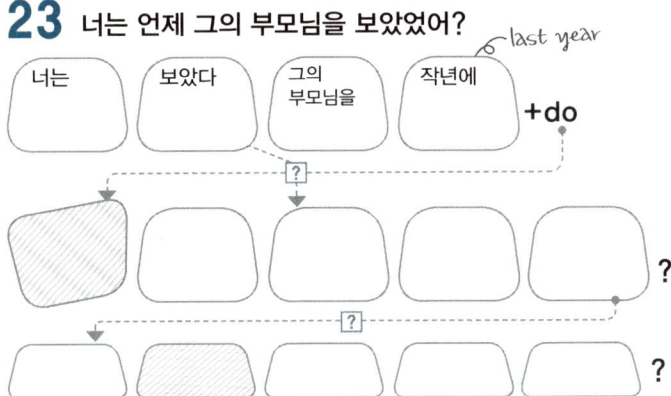

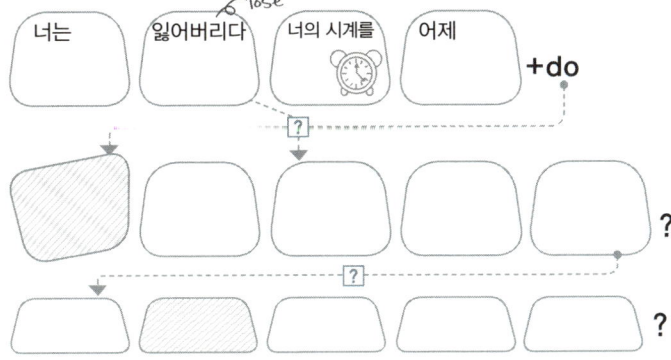

Unit 09 의문사 when

25. When should we leave?
26. When can he come?
27. When should we clean?
28. When will he kill me?

Sample 우리는 언제 결혼하지?

25 우리는 언제 떠나야 해?

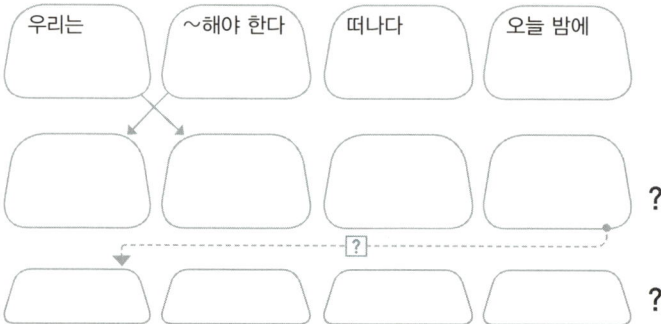

26 그는 언제 올 수 있어?

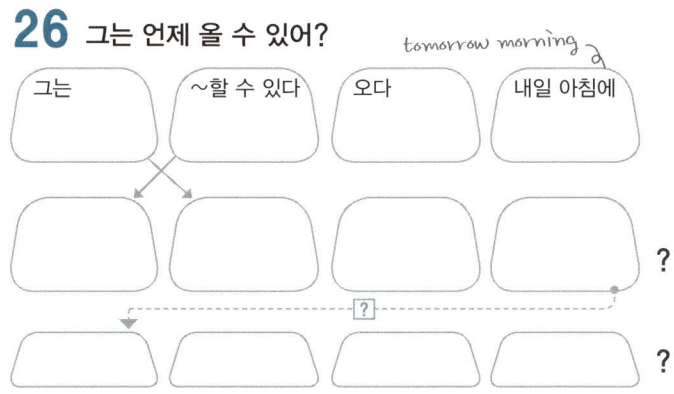

27 우리가 언제 청소를 해야 할까?

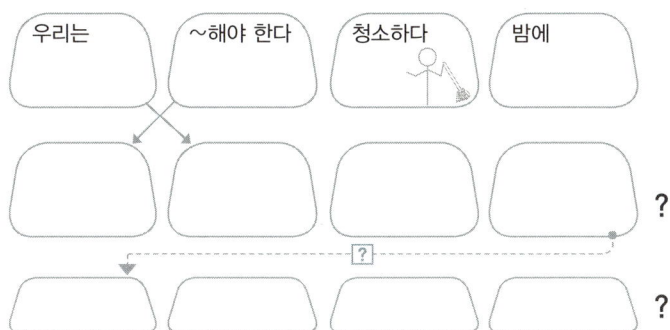

28 그가 언제 나를 죽일까?

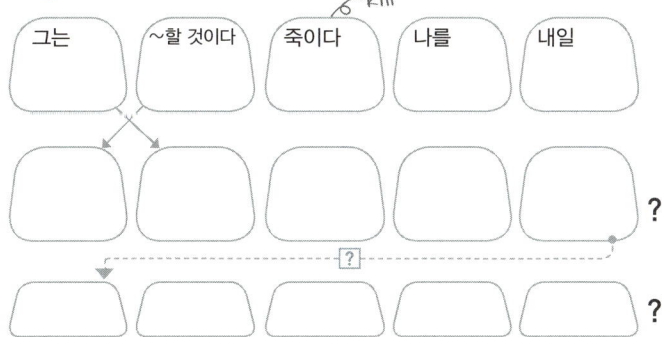

Unit 09 의문사 when

29 내가 그것을 언제 살 수 있어?

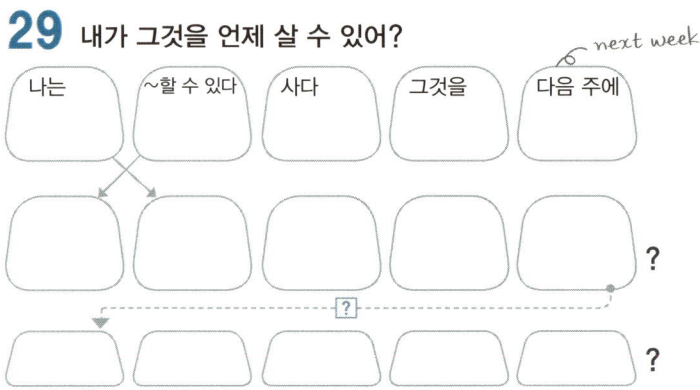

30 나는 집에 언제 갈 수 있을까?

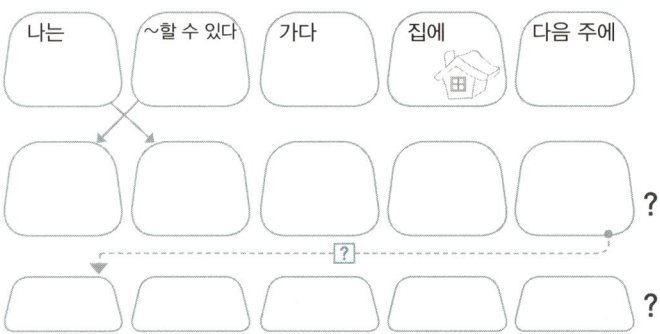

31 너는 나를 언제 방문할 거니?

29. When can I buy it?
30. When can I go home?
31. When will you visit me?
32. When should I take these pills?
33. When can I see her?

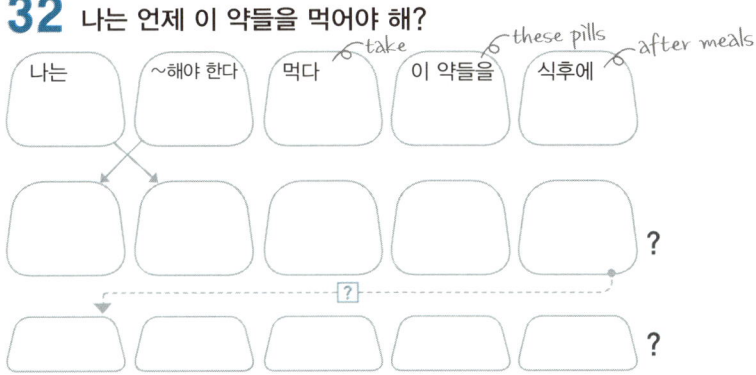

4단계

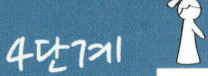

Unit 09 의문사 when
입으로 말하다

34 오리엔테이션이 언제야? ~이다 | 오리엔테이션은 (orientation) | +when?

35 LA로 가는 다음 비행기는 언제 있어? ~이다 | 다음 비행편은 (next flight) | LA로의 | +when?

36 마감일이 언제야? ~이다 | 마감일은 (deadline) | +when?

37 그녀를 방문할 가장 좋은 때가 언제야? ~이다 | 가장 좋은 시간은 (best time) | 그녀를 방문하는 | +when?

38 그 일이 언제 일어났니? 그것은 | 일어났다 | +when?

39 네가 나에게 언제 전화했어? 너는 | 전화했다 | 나에게 | +when?

40 너는 내가 너에게 언제 전화하면 좋겠어? 너는 | 원하다 | 내가 | 너에게 전화하는 것을 | +when?

41 그는 언제 졸업했니? 그는 | 졸업을 했다 (graduate) | +when?

42 너 그와 언제 헤어진 거야? 너는 | 헤어졌었다 (break up with) | 그와 | +when?

216

다섯번 입으로 말하기

43 그는 여기에 언제 왔어? 　그는 / 왔었다 / 여기에 / +when?

44 너는 그 일을 언제 끝낼 수 있니? 　~할 수 있다 / 너는 / 끝내다 / 일을 / +when?

45 우리는 언제 그곳에 도착해야 할까? 　~해야 한다 / 우리는 / 도착하다 / 거기에 / +when?

46 너는 언제 레포트를 끝낼 거니? 　~할 것이다 / 너는 / 끝내다 / 너의 레포트를 (report) / +when?

47 내가 언제 너와 결혼할 수 있을까? 　~할 수 있다 / 나는 / 결혼하다 / 너와 / +when?

48 너한테 언제 전화해야 하니? 　~해야 한다 / 나는 / 전화하다 / 너에게 / +when?

49 우리는 언제 만날 수 있을까? 　~할 수 있다 / 우리는 / 만나다 (meet up) / +when?

50 너는 언제 일어나니? 　너는 / 일어나다 (get up) / +when?

51 그것은 언제 끝나니? 　~할 것이다 / 그것은 / 끝나다 (end) / +when?

영어식생각훈련 첫걸음편　217

answer

34. 오리엔테이션이 언제야? — When is the orientation?

35. LA로 가는 다음 비행기는 언제 있어? — When is the next flight to LA?

36. 마감일이 언제야? — When is the deadline?

37. 그녀를 방문할 가장 좋은 때가 언제야? — When is the best time to visit her?

38. 그 일이 언제 일어났니? — When did it happen?

39. 네가 나에게 언제 전화했어? — When did you call me?

40. 너는 내가 너에게 언제 전화하면 좋겠어? — When do you want me to call you?

41. 그는 언제 졸업했니? — When did he graduate?

42. 너 그와 언제 헤어진 거야? — When did you break up with him?

43. 그는 여기에 언제 왔어? — When did he come here?

44. 너는 그 일을 언제 끝낼 수 있니? — When can you finish the work?

45. 우리는 언제 그곳에 도착해야 할까? — When should we arrive there?

46. 너는 언제 레포트를 끝낼 거니? — When will you finish your report?

47. 내가 언제 너와 결혼할 수 있을까? — When can I marry you?

48. 너한테 언제 전화해야 하니? — When should I call you?

49. 우리는 언제 만날 수 있을까? — When can we meet up?

50. 너는 언제 일어나니? — When do you get up?

51. 그것은 언제 끝나니? — When will it end?

1단계

Unit 10 의문사 why

목표를 세우다

Why is she crying?
왜 그녀는 울고 있니?

왜 그녀는	울고 있니?
	뛰고 있니?
	웃고 있니?
	혼자 있니?
	그 곳에 머물고 있니?

다섯번 입으로 말하기 ✓ ☆ ☆ ☆ ☆

누가, 언제, 어디서, 무엇을, 어떻게, 왜. 이 여섯 가지를 가리켜 '육하원칙'이라고 부릅니다. 이중 다섯 가지의 의문에 대해 묻는 법은 앞에서 배웠지요. 그것이 무엇이었는지 한 번 떠올려 보세요. 이제 딱 하나만 남았네요. 바로… '왜?'에 대해서 묻는 법말이에요. 어떤 사건의 '이유'에 대해서 물을 때는 이 단원에서 배울, 의문사 'why'를 사용하면 됩니다.

Why is she	crying?
	running?
	laughing?
	being alone?
	staying there?

2단계

Unit 10 의문사 why

원리를 이해하다

why는 이유를 나타내는 말을 대신하는 의문사입니다. 의문사는 어떤 단어나 표현을 지우고 그 자리에 대신 사용됩니다.

Are you so sad **because you are hungry**?

Are you so sad **why**?

그런데 의문사는 한 가지 더 특징이 있습니다.
문장(혹은 절)의 앞으로 이동해야 한다는 것입니다.

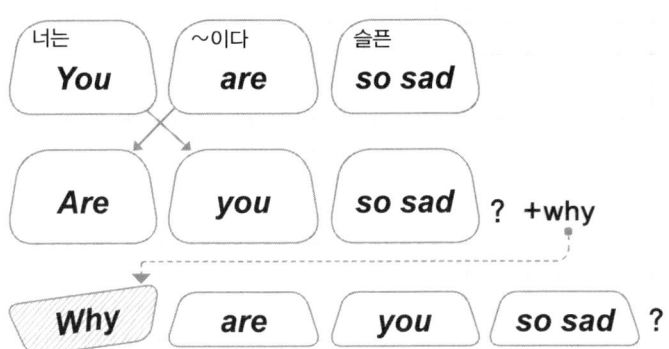

3단계

Unit 10 의문사 why

손으로 쓰다

01. Why are you so serious?
02. Why is it so noisy?
03. Why is she so busy?
04. Why were you late?

Sample 그는 왜 여기에 있어?

1 너는 왜 그렇게 심각하니?

serious

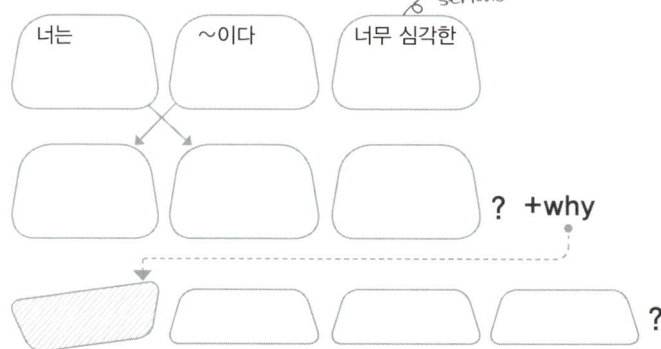

2 이건 왜 이렇게 시끄럽지?

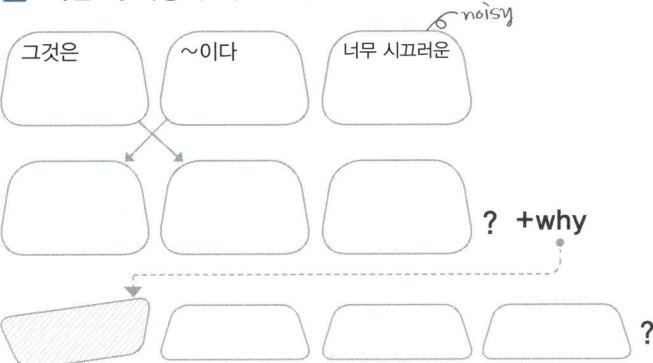

3 그녀는 왜 그렇게 바빠?

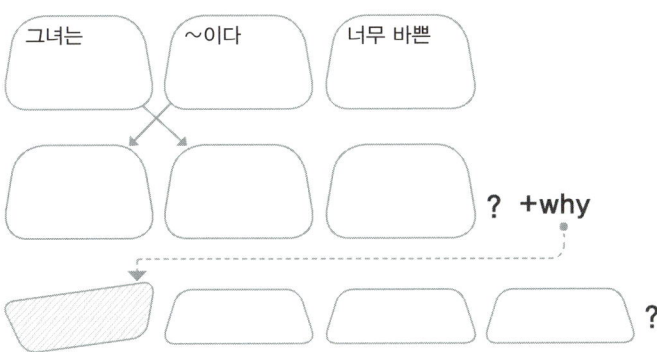

4 너는 왜 늦었어?

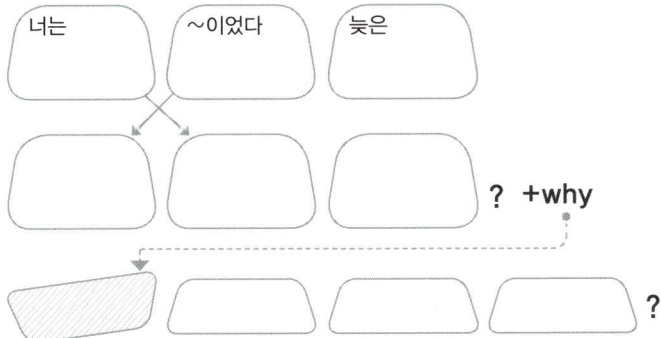

Unit 10 의문사 why

5 그는 왜 화가 났었어?

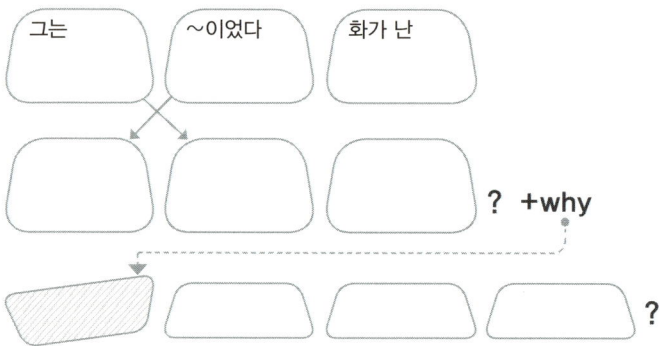

6 그들은 왜 그렇게 성공했었어?

successful

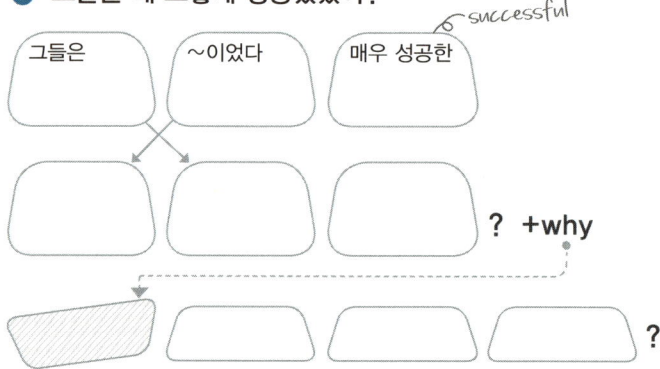

7 너는 왜 그렇게 행복했어?

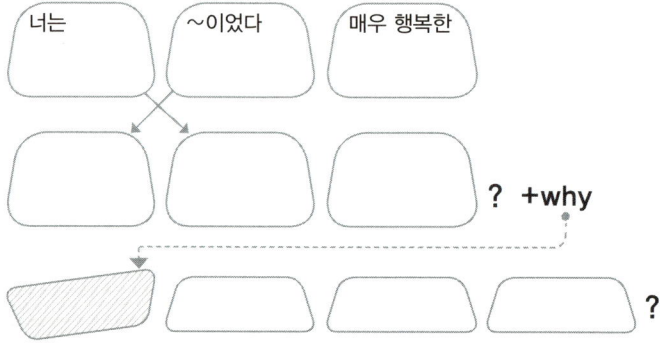

05. Why was he angry?
06. Why were they so successful?
07. Why were you so happy?
08. Why were you so sad?
09. Why was she so rude?

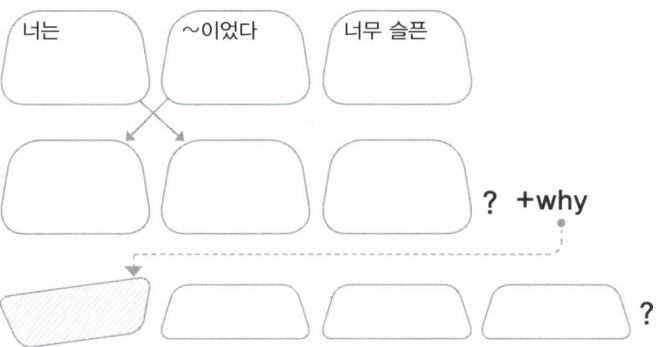

8 너 왜 그렇게 슬펐니?

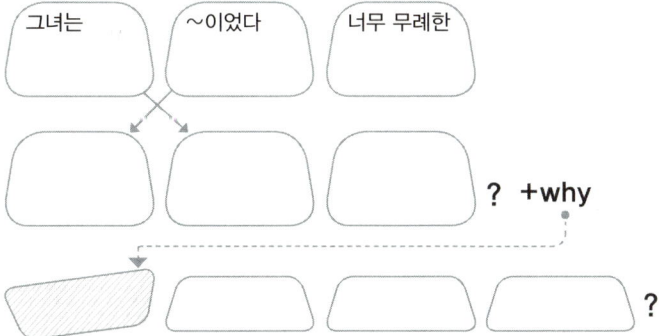

9 그녀는 왜 그렇게 무례했니?

Unit 10 의문사 why

10. Why are they working so hard?
11. Why are you sleeping on my bed?
12. Why is Amy fighting with you?

Sample 그는 왜 정장을 입고 있어?

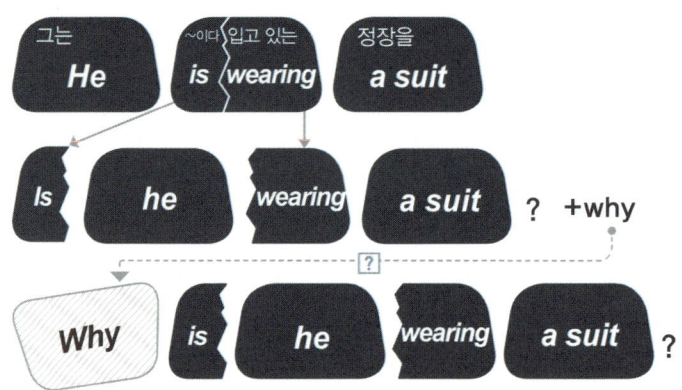

10 그들은 왜 그렇게 열심히 일하고 있을까?

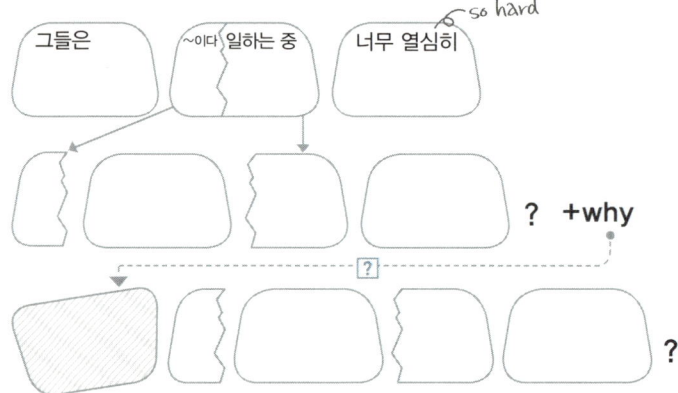

11 너는 왜 내 침대에서 자고 있어?

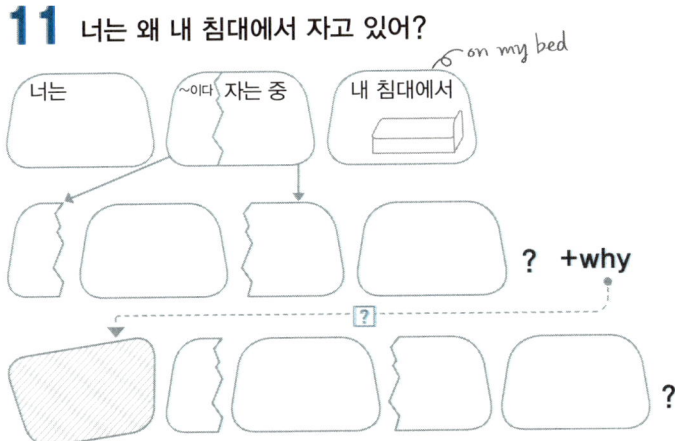

12 에이미는 왜 너와 싸우고 있는 거야?

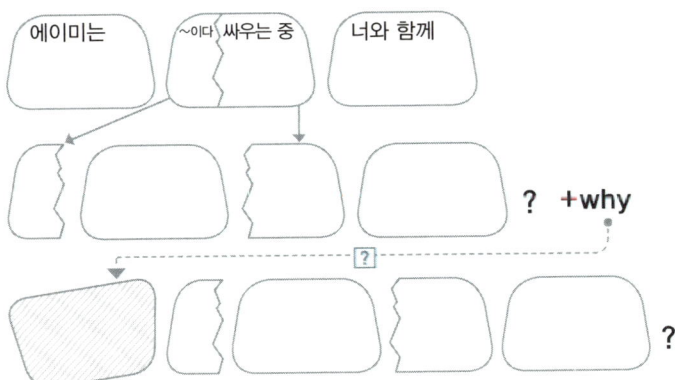

Unit 10 의문사 why

13. Why do they tell a lie?
14. Why does she need it?
15. Why do you hate him?
16. Why do you like him?

Sample 그는 왜 너를 귀찮게 해?

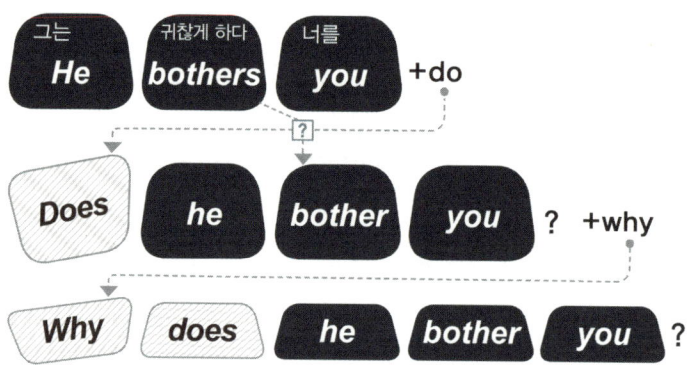

13 그들은 왜 거짓말을 하지?

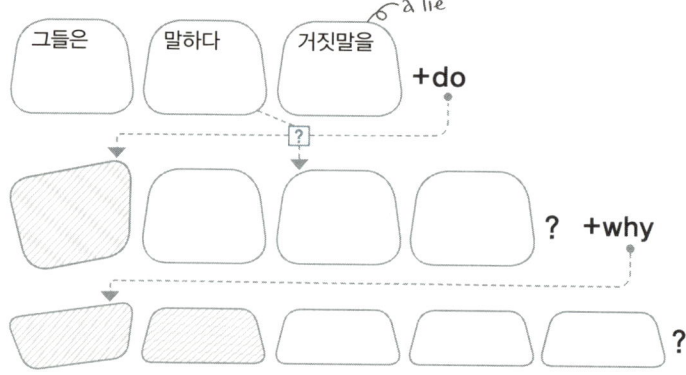

14 그녀는 왜 그것이 필요해?

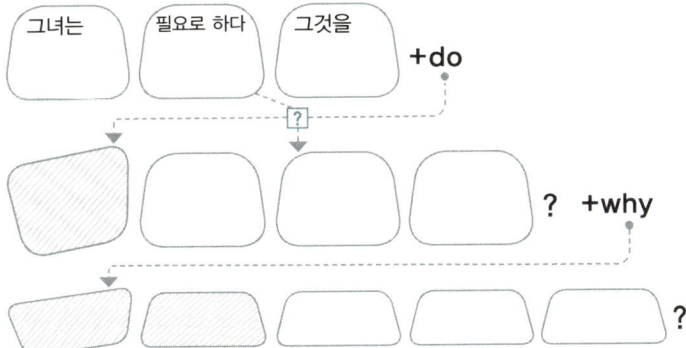

15 너는 왜 그를 싫어해?

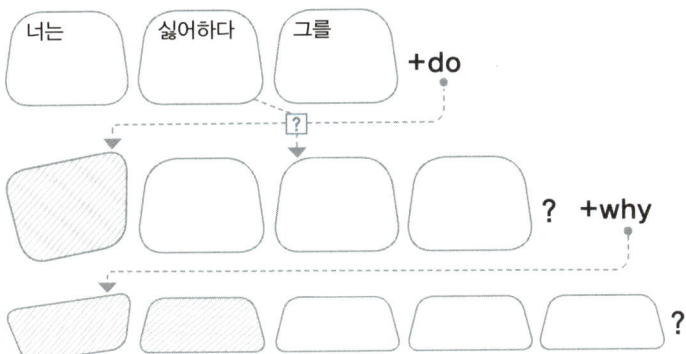

16 너는 왜 그를 좋아해?

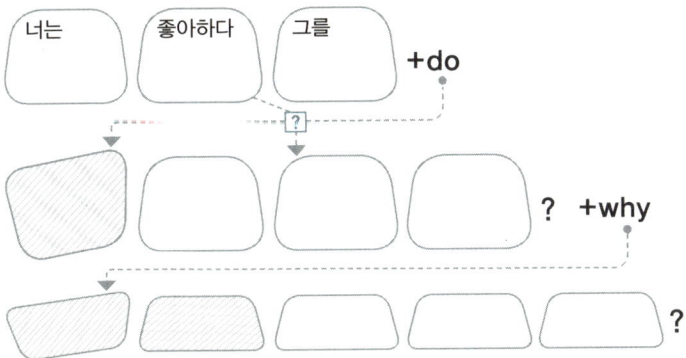

Unit 10 의문사 why

17 너는 왜 그렇게 걱정을 해?

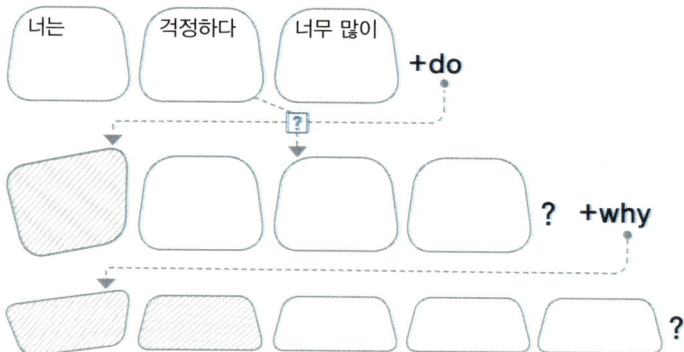

18 너는 왜 그걸 묻는 거야?

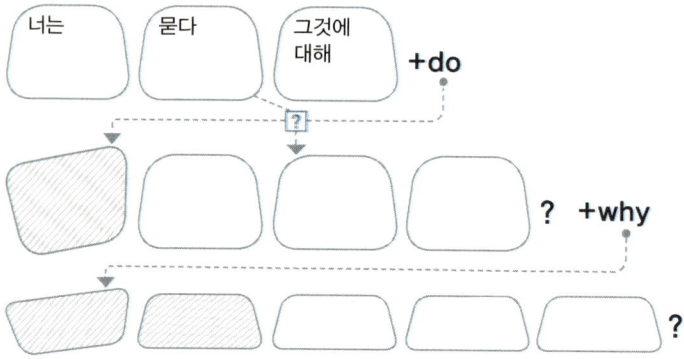

19 너는 왜 그렇게 피곤해 보여?

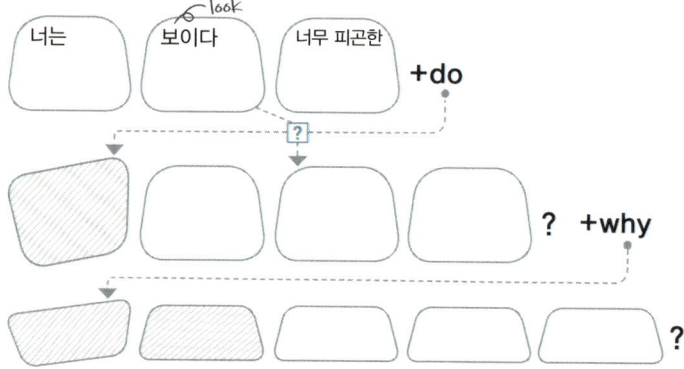

17. Why do you worry so much?
18. Why do you ask about it?
19. Why do you look so tired?
20. Why did they break up?
21. Why did he lose the game?

20 그들은 왜 헤어졌니?

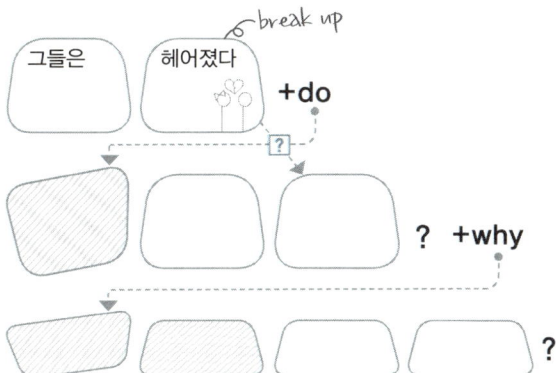

21 그는 왜 게임에서 졌어?

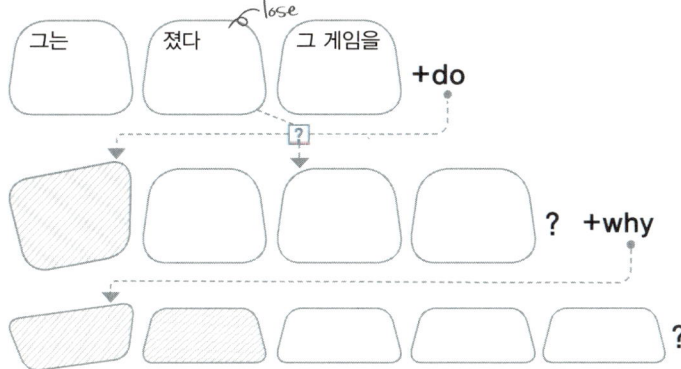

Unit 10 의문사 why

22 너는 왜 그 약을 먹었어?

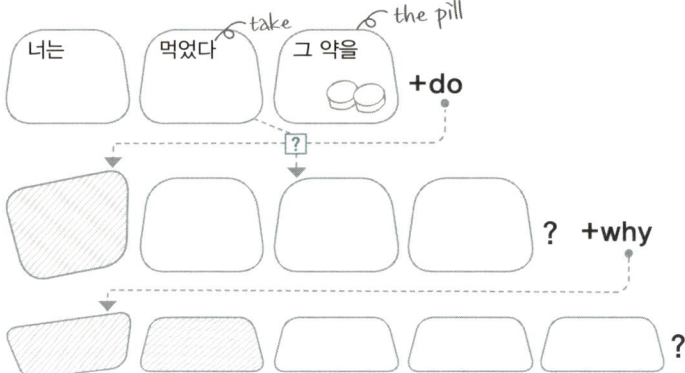

23 너는 왜 나를 떠났니?

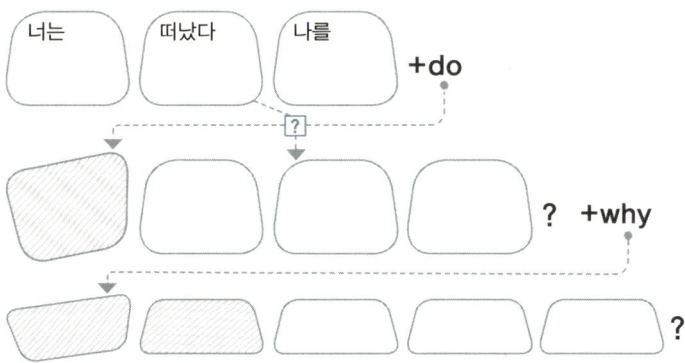

24 그들은 왜 그렇게 행동했던 거야?

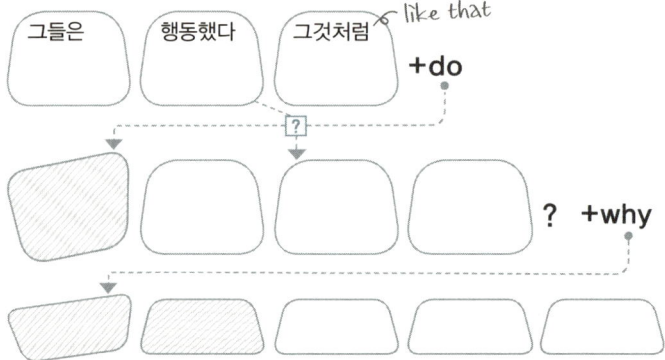

22. Why did you take the pill?
23. Why did you leave me?
24. Why did they act like that?
25. Why did you say like that?
26. Why did you meet her?

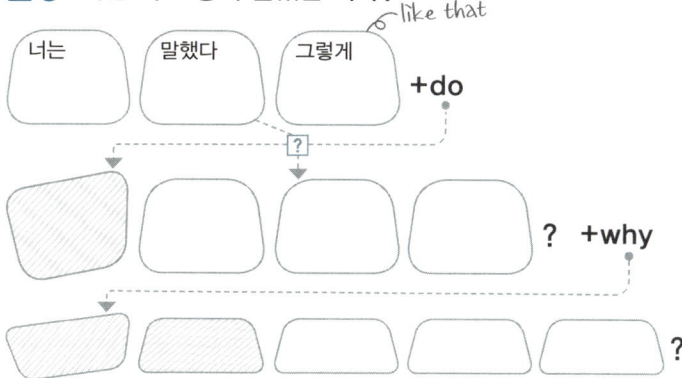

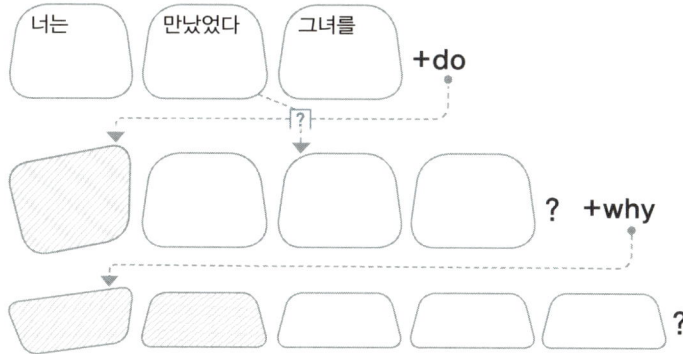

Unit 10 의문사 why

27. Why should we care about it?
28. Why will you betray him?
29. Why can't you stop it?
30. Why should I apologize?

Sample 왜 우리가 그를 따라야 해?

27 왜 우리가 그것에 관심을 가져야 해?

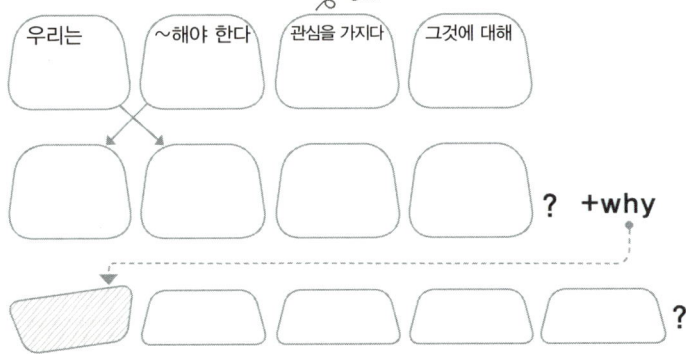

28 너는 왜 그를 배신할 거야?

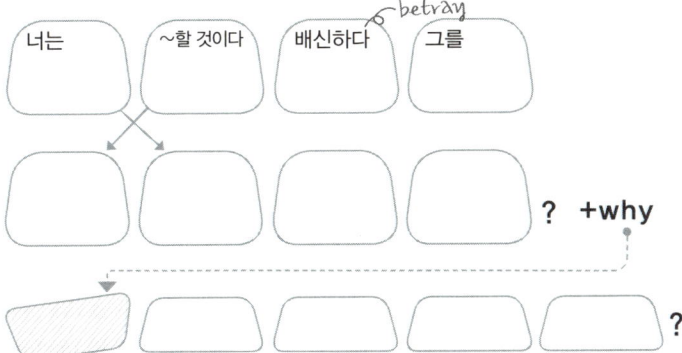

29 너는 왜 그것을 멈출 수 없니?

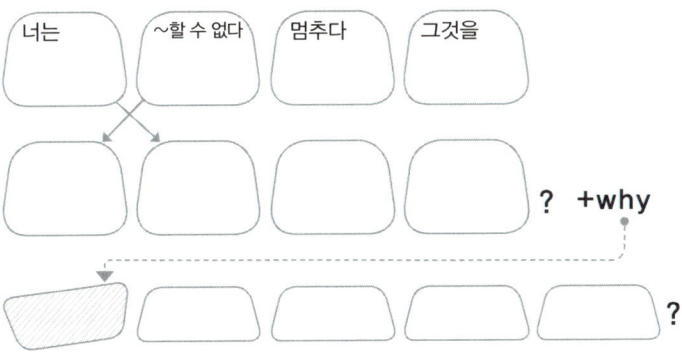

30 내가 왜 사과를 해야 해?

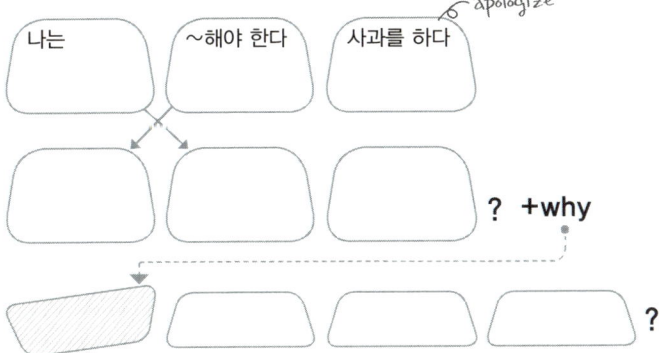

Unit 10 의문사 why

Sample 휴식을 취하는게 어때?

31. Why don't you attend the party?
32. Why don't you ask him?
33. Why don't you learn Chinese?
34. Why don't you go out with her?

31 파티에 참석하는 게 어때?

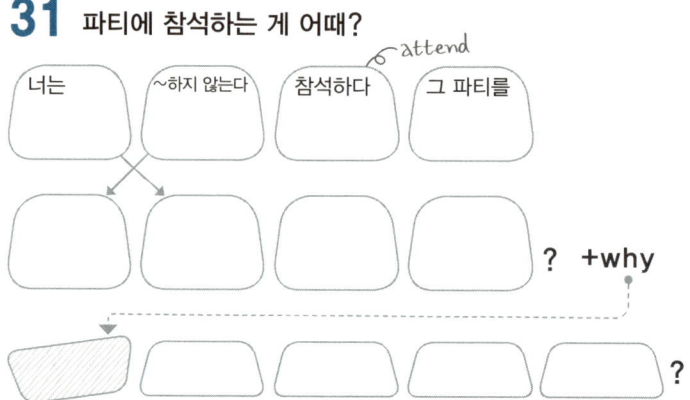

32 그에게 물어보는 게 어때?

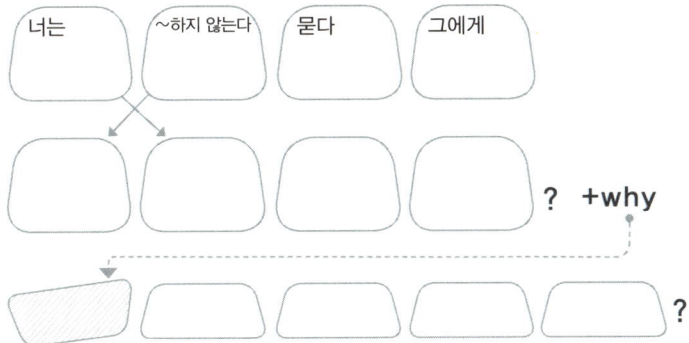

33 중국어를 배우는 게 어때?

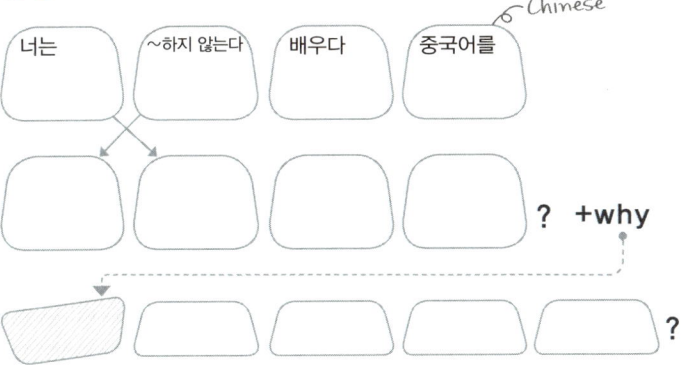

34 그녀와 함께 데이트 하는 게 어때?

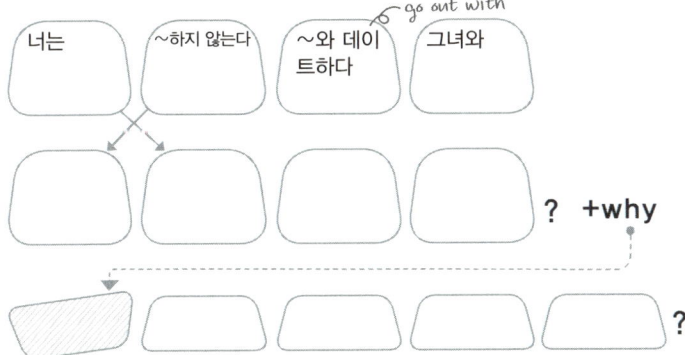

4단계

Unit 10 의문사 why
입으로 말하다

35 너는 왜 그렇게 게으르니? ~이다 / 너는 / 너무 게으른 (lazy) +why?

36 그건 왜 비어있을까? ~이다 / 그것은 / 비어 있는 (empty) +why?

37 그게 왜 너에게 그렇게 중요하니? ~이다 / 그것은 / 그렇게 중요한 (important) / 너에게 +why?

38 그는 왜 그렇게 무례할까? ~이다 / 그는 / 너무 무례한 +why?

39 그는 왜 그것을 언급하지? 그는 / 언급하다 (mention) / 그것을 +why?

40 너는 왜 그들을 도와주니? 너는 / 도와주다 / 그들을 +why?

41 그녀는 왜 그들을 증오할까? 그녀는 / 싫어하다 / 그들을 +why?

42 탐은 왜 계속 웃을까? 탐은 / ~을 계속하다 (keep) / 웃는 것을 (laugh) +why?

43 너는 왜 그것을 믿니? 너는 / 믿다 / 그것을 +why?

240

answer

35. 너는 왜 그렇게 게으르니? — **A** Why are you so lazy?

36. 그건 왜 비어있을까? — **A** Why is it empty?

37. 그게 왜 너에게 그렇게 중요하니? — **A** Why is it so important to you?

38. 그는 왜 그렇게 무례할까? — **A** Why is he so rude?

39. 그는 왜 그것을 언급하지? — **A** Why does he mention it?

40. 너는 왜 그들을 도와주니? — **A** Why do you help them?

41. 그녀는 왜 그들을 증오할까? — **A** Why does she hate them?

42. 탐은 왜 계속 웃을까? — **A** Why does Tom keep laughing?

43. 너는 왜 그것을 믿니? — **A** Why do you believe that?

44. 그녀는 왜 그를 그렇게 많이 사랑할까? — **A** Why does she love him so much?

45. 나는 왜 그것을 지불해야 하니? — **A** Why should I pay for it?

46. 우리가 왜 너를 고용해야 하지? — **A** Why should we hire you?

47. 그는 왜 그것을 이해하지 못하지? — **A** Why can't he understand it?

48. 너는 왜 아무 말도 못하니? — **A** Why can't you say anything?

49. 그를 방문하는 게 어때? — **A** Why don't you visit him?

50. 축하하는 게 어때? — **A** Why don't we celebrate?

51. 그녀는 왜 짜증이 났니? — **A** Why was she annoyed?

52. 그 아기는 왜 울고 있니? — **A** Why is the baby crying?